Femmes en politique
au Burundi

Études africaines
Collection dirigée par Denis Pryen

Dernières parutions

Elisabeth SHERIF, *Élection et participation politique au Niger : le cas de Maradi. Contribution à l'analyse électorale en Afrique*, 2014.
Roger KAFFO FOKOU, *Les Mbäfeung, peuple des hautes terres de l'ouest du Cameroun. Croyances et pratiques traditionnelles et culturelles*, 2014.
Rachel MAENDELEO RUTAKAZA, *Le rétablissement et la consolidation de la paix en République Démocratique du Congo de 1990 à 2008*, 2014.
Liliane MBAZOGUE, *L'éducation à la prévention du sida dans les classes de sciences*, 2014.
Constantin KUBETERZIÉ DABIRE, *Financement d'un projet de partenariats public-prive (PPP), Missions du consultant et guide méthodologique*, 2014.
Olivier M. MBODO, *Afrique subsaharienne, Populations, écologie et histoire*, 2014.
Eric M. NGANGO YOUMBI, *Les prérogatives de puissance publique au Cameroun*, 2014.
Alhassane CHERIF, *La parenté à plaisanterie (le sanakouya). Un atout pour le dialogue et la cohésion sociale en Guinée*, 2014.
Noël Bertrand BOUNDZANGA et Wilson-André NDOMBET (dir.), *Le malentendu Schweitzer*, 2014.
Justin OMOLELA SELEMANI, *Engagement politique et résistance populaire des Maï-Maï du Maniema en R.D.C.*, 2014.
Célestin M'PEYA, *L'alibi colonial se consume*, 2014.
Boureïma N. OUÉDRAOGO, *Droit, démocratie et dévelop-pement en Afrique*, 2014.
Angèle Christine ONDO, *Mvett Ekang : forme et sens*, 2014.
Clotaire MESSI ME NANG, *Les chantiers forestiers au Gabon. Une histoire sociale des ouvriers africains*, 2014.
Bruno KOFFI EHUI, *Qu'est-ce qu'une O.N.G ?*, 2014.

Pascasie Minani Passy

Femmes en politique au Burundi

Leur nombre, leur influence ?

© L'Harmattan, 2014
5-7, rue de l'Ecole-Polytechnique, 75005 Paris

http://www.harmattan.fr
diffusion.harmattan@wanadoo.fr
harmattan1@wanadoo.fr

ISBN : 978-2-343-02856-9
EAN : 9782343028569

REMERCIEMENTS

Mes remerciements vont particulièrement à Manon Tremblay, Professeure titulaire à l'école d'études politiques de l'Université d'Ottawa, au Canada, pour son soutien et ses conseils utiles. Ma gratitude s'adresse également à mes parents Baranyizigiye Véronique et Migezo Louis qui m'ont appris à persévérer dans la vie, et à toutes les personnes qui, directement ou indirectement, ont contribué à la rédaction de ce livre.

Avant propos

Dans cet ouvrage consacré au mode d'articulation entre le nombre de femmes engagées dans la politique au Burundi (la représentation descriptive) et leur pouvoir de transformation réelle (représentation substantielle) dans un pays dont l'histoire a été marquée par des massacres et des génocides entre les deux principales ethnies : les *Hutus* et les *Tutsis*, je suis arrivée à la conclusion de la non-corrélation automatique entre le nombre de femmes en politique et leur influence. C'est donc la problématique de l'irruption des femmes burundaises dans la sphère publique comme sujets parlants et agissants qui constitue le point nodal autour duquel gravitent les recherches consignées dans cet ouvrage. J'ai montré, tout au long de ce travail la persistance et la recrudescence des obstacles socioculturels et politico-ethniques de la représentation substantielle des femmes au Burundi.

Cette recherche menée avec beaucoup d'ancrage empirique, historique et culturel pose en filigrane la question de la subjectivation intellectuelle et politique des femmes burundaises dans une société postcoloniale et post-conflit en pleine reconfiguration. Tout en relevant avec beaucoup de dextérité la multiplicité d'obstacles (taux élevé d'analphabétisme chez les femmes dans un pays majoritairement rural et où l'éducation des filles est perçue comme du gaspillage d'argent pour des personnes destinées à se marier et à se reproduire qui n'ont pas tous les droits de succession et d'héritage, les conflits persistants entre les *Hutus* et les *Tutsis*, les disparités de positionnement dans la stratification sociale, l'instrumentalisation des femmes par les appareils masculins des partis politiques, la diversité des capitaux symboliques et aussi, une certaine acceptation tacite de la violence symbolique par les femmes burundaises elles-mêmes) qui empêchent l'émergence des femmes comme agentes politiques de premier plan. J'ai fait le pari de miser sur l'éducation et la solidarité entre toutes les femmes en dépit des antagonismes d'ethnies, de classes et de niveaux de culture. Cette forme de résignation implicite des femmes à leur statut de subordination aux pouvoirs patriarcaux se déploie concrètement comme un processus inconscient d'influence et de sédimentation mentale des oppressions subies depuis des siècles et qui atrophient le processus de leur subjectivation intellectuelle et politique.

Contrairement à un certain féminisme agressif, cet ouvrage revendique l'égalité des droits, des devoirs, des libertés et des responsabilités entre les femmes et les hommes dans la société burundaise, sans tomber dans aucun extrémisme exclusif et diviseur. Il faudrait aussi que les femmes éduquées et lettrées s'investissent viscéralement dans la vulgarisation des idées et des valeurs émancipatoires d'autonomisation des femmes, en donnant la main à leurs consœurs illettrées et constituant la majorité de la population rurale burundaise. C'est à travers la mise en évidence de l'impératif éthique de solidarité entre toutes les femmes burundaises que cet ouvrage pose une question majeure et décisive.

Et, quant aux hommes burundais ? Depuis mon enfance, j'ai toujours entendu qu'il y a les grandes femmes derrière les grands hommes. De plus, le bien-être et le développement des femmes transfèrent le bonheur aux enfants et aux maris qui sont aussi les frères et/ou les pères ou les futurs pères des futures femmes de la société. Donc, les hommes burundais et tous les hommes du monde ne devraient pas être exclus de tout processus qui vise à améliorer les conditions des femmes dans les sociétés, car ils en bénéficient aussi.

Introduction

À l'échelle mondiale, l'intégration des femmes en politique est perçue comme un mécanisme les faisant participer à la gouvernance de leurs pays respectifs. Dans la plupart des cas, cette intégration commence avec l'obtention des droits de voter et de se faire élire. L'objectif de l'intégration des femmes en politique n'est ni de prendre le pouvoir des hommes politiques, ni d'instaurer la domination de celles-ci sur eux dans les sociétés ; mais, plutôt, de promouvoir l'égalité des droits et des libertés de toutes et de tous au sein de la société. De plus, cette implication des femmes en politique a pour but de les faire participer à la gestion des affaires publiques de leurs pays.

En 1944, les femmes françaises ont commencé à « participer au choix de leurs dirigeants politiques[1] ». Dix-sept ans plus tard, exactement en 1961, les femmes ont décroché le droit de voter aux élections législatives nationales au Malawi, en Mauritanie, au Paraguay, au Rwanda et en Sierra Leone[2]. La même année, les femmes burundaises acquirent le droit de voter et d'être élues au parlement[3].

Bien que les femmes burundaises aient acquis le droit de voter et d'être élues au parlement le 17 août 1961[4], ce n'est qu'en 1982 qu'une femme a été élue au parlement du Burundi pour la toute première fois. Onze ans plus tard, plus précisément en juillet 1993,

---

[1] Ghislaine Sathoud, *Le combat des femmes au Congo-Brazzaville*, Paris, l'Harmattan, 2007, p. 31.
[2] Manon Tremblay, *100 questions sur les femmes et la politique*, Montréal, Éditions du Remue-ménage, 2008, p. 29.
[3] Åshild Falch, *Women's Political Participation and Influence in Post-Conflict Burundi and Nepal*, 2010, p. 56.
 Disponible en ligne :
http://www.peacewomen.org/assets/file/Resources/Academic/partpol_postconburundinepal_falch_2010.pdf ; consulté le 13 décembre 2013.
[4] Union interparlementaire, *Les femmes dans les parlements : 1945-1995*, *Étude statistique mondiale*, Genève, Union interparlementaire, 1995, p. 90.

une autre femme a été nommée Première Ministre[5]. Du jamais vu dans ce pays. Avant 1982, aucune femme n'était titulaire d'une fonction publique à titre de députée[6]. En raison des préjugés de la culture burundaise qui les voit comme étant assignées aux rôles de gestionnaires des biens privés et non des biens publics, les femmes burundaises n'ont pas derrière elles une longue expérience de participation active à la vie politique de leur pays. La société burundaise avait depuis longtemps jugé que les femmes devaient se contenter des rôles de mères et d'épouses[7]. Ces rôles sont plus liés aux tâches domestiques ainsi qu'à la gestion de l'économie familiale et, à la limite, communautaire. En d'autres termes, leurs rôles étaient plus limités à la gestion des affaires relevant du domaine privé et non à la gouvernance du pays.

À partir des années 1990, la fin de la guerre froide et la pression internationale en faveur de la démocratisation qui l'a suivie, la guerre civile burundaise ainsi que la bonne volonté politique du gouvernement burundais ayant opté pour des négociations avec les différents partis en conflit ont contribué au changement de *la place*[8] et *du statut*[9] des femmes dans la société burundaise. En conséquence, ce changement a permis l'intégration progressive des femmes en politique dans ce pays. En novembre 2013, 30,5% des sièges au sein du parlement burundais étaient occupés par des femmes. Cependant, certains obstacles empêchent cette intégration des femmes en politique de générer des impacts positifs sur les

---

[5] Rosemarie Skaine, *Women Political Leaders in Africa,* North Carolina, McFarland & Company, Inc., 2008, p. 88.
[6] Ibid.
[7] Åshild Falch, *Women's Political Participation and Influence in Post-Conflict Burundi and Nepal*, 2010, p. 17.
Disponible en ligne :
http://www.peacewomen.org/assets/file/Resources/Academic/partpol_postconburundinepal_falch_2010.pdf; consulté le 13 décembre 2013.
[8] En parlant du changement de la place des femmes, je veux dire leurs sorties de la sphère privée pour accéder à l'espace public. En d'autres termes, leurs sorties des tâches domestiques vers la gouvernance de leur pays et l'occupation des postes traditionnellement réservés aux hommes. Par ailleurs, je dois signaler que ce changement n'empêche pas les femmes de continuer d'assumer les responsabilités du privé.
[9] Par statut des femmes burundaises, je veux dire la position statique que la société burundaise leur a attribuée, celle d'être gestionnaires des affaires familiales : Femmes, épouses et mères.

conditions de vie des femmes burundaises. Ces effets sont mesurables à travers les conditions de vie des femmes en ce qui concerne le respect de leurs *droits*[10] et libertés, la satisfaction de leurs besoins, la défense de leurs intérêts, la sensibilisation et la promotion de l'égalité des femmes et des hommes au sein de la société burundaise, *le renforcement*[11] des capacités des femmes, entre autres.

Qu'en est-il du pouvoir qu'ont les femmes politiques ? Le système politique burundais fonctionne selon le mode de scrutin proportionnel. Il est possible de se poser la question suivante : « si le Burundi détient un système électoral proportionnel et exige un quota minimal de 30% des sièges aux femmes au parlement, au gouvernement et dans les organes dirigeants des partis politiques, qu'est-ce qui explique l'écart entre le nombre de femmes en politique et leur influence sur la gouverne publique ? ».

En tenant compte des problèmes ethniques qui caractérisent l'histoire du Burundi, c'est normal de se poser la question sur la volonté d'influencer qu'ont les femmes politiques *hutues* et *tutsies*. Est-ce que les politiciennes burundaises mettent de côté leurs caractéristiques ethniques et collaborent pour former un groupe mixte qui refléterait les intérêts diversifiés de toutes les femmes de la société ?

Certaines études laissent croire que quand le nombre des représentant-e-s d'un groupe minoritaire augmente au sein d'une organisation, les décisions en leur faveur progressent aussi[12]. Au

---

[10] Par droits des femmes burundaises, je veux dire, entre autres, leurs droits à l'éducation, à l'héritage familial et à la propriété, leurs droits de divorcer sans subir les contraintes familiales ni sociales, d'avoir la garde de leurs
 enfants, de traduire leur époux en justice, d'avoir le contrôle sur leur corps en ce qui concerne les naissances et les pratiques sexuelles et d'occuper tous les postes réservés traditionnellement aux hommes.

[11] Par renforcement des capacités des femmes burundaises, je veux dire la capacité de leur fournir les outils qui les aideront à s'orienter vers le secteur économique formel, leur donner des formations et des informations qui les aideront à s'impliquer de plus en plus dans la gouvernance de leur pays, etc.

[12] Sue Thomas, « The Impact of Women on State Legislative Policies », *Journal of Politics*, 53(4), 1991, p. 958-976 ; Tremblay Manon, « Do Female MPs Substantively Represent Women? A Study of Legislative Behaviour in Canada's 35th Parliament », *Revue canadienne de science politique*, 31(3), 1998, p. 435-465; Lyn Kathlene, « In a Different Voice: Women and the Policy Process » dans

Burundi, ce n'est pas encore le cas à cause de plusieurs facteurs qui seront analysés. En fait, mon livre essaye de montrer que, bien qu'il y ait un progrès en ce qui concerne la représentation descriptive des femmes en politique au Burundi, des obstacles interliés et complémentaires de nature socio-culturelle et politico-ethniques empêchent l'influence des femmes en politique au Burundi. Ce livre poursuit trois objectifs. Le premier est d'explorer l'évolution de la représentation des femmes en politique au Burundi. Le deuxième est de montrer qu'un écart persiste entre le nombre de politiciennes et l'influence qu'elles ont sur le changement des conditions de vie des femmes dans la société. Le troisième objectif est d'expliquer cet écart : pourquoi un taux élevé de féminisation du pouvoir législatif ne se traduit pas en une meilleure représentation substantielle des femmes au Burundi. De nombreux facteurs culturels, politiques et ethniques expliquent ce déphasage entre le nombre relativement élevé des femmes œuvrant dans le champ politique *stricto sensu* et leur pouvoir décisionnel dans l'élaboration des politiques publiques renforçant leur leadership dans tous les rouages de la vie sociale. En d'autres termes, quand il s'agit de l'intégration des femmes en politique, le nombre n'est pas toujours synonyme d'influence.

Depuis que j'ai commencé à m'intéresser sur la question des femmes en politique au Burundi, j'ai réalisé que les auteurs qui écrivent sur le Burundi parlent de son état sous la colonisation belge, de sa diplomatie, de son développement économique et de son histoire caractérisée par les massacres, le génocide de 1972, la démocratie suivie par la guerre civile et la période de reconstruction. Ainsi, j'estime que mon livre sur l'intégration des femmes en politique est pertinent pour la communauté scientifique, parce qu'il n'y a pas de livres sur la question des femmes en politique au Burundi. Aussi, mon livre va apporter une connaissance nouvelle sur la question des obstacles à l'intégration des femmes en politique dans ce pays. Subséquemment, je crois qu'il aura des impacts sur la vie politique des femmes, notamment les actrices politiques (burundaises et autres) qui, en lisant ce livre, seront conscientes du poids de la coutume burundaise qui favorise

---

Sue Thomas et Clyde Wilcox (dir.), *Women and Elective Office: Past, Present, & Future*, New York, Oxford University Press, 1998, p. 188-202.

les inégalités entre les femmes et les hommes. Ainsi, elles auront à développer des stratégies visant à apporter les changements adéquats au profit de toutes les femmes de la société. Les jeunes qui préparent leur carrière en politique ainsi que les femmes et les hommes militants (politiques ou non), qui se soucient du changement des conditions de vie des femmes dans les sociétés, partout dans le monde, bénéficieront également de la connaissance qu'apporte mon livre qui leur donnera une compréhension approfondie et nuancée des obstacles qui empêchent l'éclosion effective d'un leadership féminin transformateur dans le monde en général, et au Burundi, en particulier.

Le premier chapitre traite de la question de la présence de femmes en politique au niveau mondial, le second chapitre brosse un bref panorama de la situation géographique, historique et humain du Burundi, le troisième chapitre présente le processus de démocratisation du Burundi, le quatrième chapitre traite plus spécifiquement du régime politique du Burundi, le cinquième chapitre parle de la condition des femmes dans la société burundaise et ailleurs dans le monde, le sixième chapitre expose les principales motivations qui sous-tendent l'engagement des femmes en politique, le septième chapitre décrit la conjoncture internationale post Guerre froide et la pression internationale pour la démocratisation en Afrique qui ont rendu possible l'irruption des femmes burundaises sur sa scène politique, le huitième chapitre inventorie les différentes modalités de représentation politique, le neuvième chapitre explicite brièvement la notion clé de masse critique dans les théories de changements sociaux et le dixième chapitre met en évidence les principaux obstacles qui empêchent la représentation substantielle des femmes comme actrices politiques de plein droit au Burundi. La conclusion récapitulera les principales causes qui expliquent ultimement le décalage réel entre le nombre de femmes en politique et leur manque de capacité de transformation politique de la société.

Il faut la promotion de la communication prudente entre les femmes éduquées et les femmes majoritaires du monde rural pour qu'advienne enfin un grand nombre des femmes conscientes de leurs droits et devoirs de citoyennes burundaises à part entière. L'acte d'écriture de cet ouvrage participe au processus de production des idées-forces capables de susciter des mutations décisives et radicales à tous les niveaux de stratification sociale. La corrélation entre la subjectivation intellectuelle par l'acte d'écriture et la subjectivation politique par la prise de parole publique en vue de conscientiser et de mobiliser un grand nombre des femmes constitue la percée de cet ouvrage.

CHAPITRE PREMIER
Femmes en politique dans le monde

Avant que l'intégration des femmes en politique ne devienne une préoccupation publique, certains hommes politiques soutenaient que « si l'on donne le vote aux femmes, il faudra ensuite leur permettre de siéger au Parlement (...). Une fois qu'on aura donné le vote à cette immense foule qui constitue la majorité de l'humanité, tout le pouvoir sera entre leurs mains[13] ». Ce genre de préoccupations de la part d'hommes politiques illustre les obstacles que les femmes politiques rencontrent dans l'accès aux postes de pouvoir dans leurs pays. Ces obstacles empêchent les femmes de changer leurs conditions de vie sociétales. En d'autres termes, ils limitent leurs capacités de promouvoir et de défendre leurs droits et libertés ainsi que de participer activement à toute entreprise pour satisfaire leurs besoins et défendre leurs intérêts. Ceci est vrai dans beaucoup de pays, y compris le Burundi.

Pendant des années, nous avons vécu et continuons de vivre dans des sociétés où le pouvoir politique est presque entièrement détenu par des hommes. Sauf, bien entendu, dans quelques rares pays. Penser que tout le pouvoir politique puisse être un jour entre les mains des femmes est une réalité qui est loin d'être vécue dans l'histoire du monde, même si on observe des progrès significatifs dans certains pays où l'intégration des femmes en politique progresse lentement mais sûrement. Le Burundi fait partie de ce lot. Cependant, il ne faut pas ignorer que l'implication des femmes en politique ne garantit pas nécessairement la promotion de l'égalité des droits et libertés des femmes dans les sociétés.

L'étude faite par l'Union interparlementaire quant aux pourcentages de femmes dans les parlements nationaux du monde montre qu'en moyenne, en novembre 2013, 22,1% des sièges au

---

[13] Françoise Gaspard « Féminisation de la politique ? », *Travail, genre et sociétés,* 18(2), 2007, p. 135.

sein des parlements de l'Afrique subsaharienne étaient occupés par des femmes. Ailleurs, les proportions sont de 24,2% dans les pays américains, 19,1% en Asie et 23,0% en Europe. Dans les pays scandinaves, la mesure est plus élevée : 42,0%. En revanche, les États arabes ne comptent que 17,8% de femmes parlementaires[14].

En fait, l'intégration des femmes aux parlements est importante, parce que c'est là où les lois sont votées ; elles constituent le centre même de la politique législative. Ces lois votées contribuent ou non au changement par rapport aux droits et libertés des femmes et à la satisfaction de leurs besoins et de leurs intérêts. À condition, toutefois, que le parlement exerce un véritable pouvoir, ce qui n'est pas certain au Burundi.

---

[14] Union interparlementaire, Les femmes dans les parlements nationaux, Moyennes régionales. Union interparlementaire, *Les femmes dans les parlements nationaux, Moyennes régionales*, État de la situation au 1er novembre 2013, http://www.ipu.org/wmn-f/world.htm; consulté le 11 décembre 2013.

Tableau 1

Progrès de l'intégration des femmes en politique dans les chambres basses de quelques pays du monde

Pays	% F mars 1995	% F mars 2000	% F mars 2005	% F mars 2011	% F octobre 2013
Afrique du Sud	25,0	30,0	32,8	44,5	42,3
Allemagne	26,2	30,9	32,8	32,8	32,9
Angola	9,5	15,5	15,0	38,6	34,1
Argentine	21,8	26,5	33,7	38,5	37,4
Australie	9,5	22,4	24,7	24,7	24,7
Belgique	12,0	23,3	34,7	39,3	38,0
Bolivie	10,8	11,5	19,2	25,4	25,4
Brésil	7,0	5,7	8,6	8,6	8,6

Burundi	12,3	6,0	18,4	32,1	30,5
Cameroun	12,2	5,6	8,9	13,9	13,9
Canada	18,0	19,9	21,1	22,1	24,7
États-Unis d'Am.	10,9	13,3	15,2	16,8	17,8
Éthiopie	5,0	2,0	7,7	27,8	27,8
France	6,4	10,9	12,2	18,9	26,9
Inde	8,0	9,0	8,3	10,8	11,0
Indonésie	12,2	8,0	11,3	18,0	18,6
Israël	9,2	12,5	15,0	19,2	22,5
Koweït	0,0	0,0	0,0	7,7	6,2
Mozambique	25,2	30,0	34,8	39,2	39,2

Niger	3,6	1,2	12,4	13,1	13,3
Norvège	39,4	36,4	38,2	39,6	39,6
Ouganda	17,4	17,9	23,9	31,5	35,0
Portugal	8,7	18,7	21,3	27,4	28,7
Rwanda	4,3	17,1	48,8	56,3	63,8
Sénégal	11,7	12,1	19,2	22,7	42,7
Suède	40,4	42,7	45,3	45,0	44,7
Tanzanie	11,2	16,4	21,4	36,0	36,0
Thaïlande	6,1	5,6	10,6	13,3	15,8

Source : Union interparlementaire, Les femmes dans les parlements nationaux, Données archivées. État de la situation en mars 1995, en mars 2000, en mars 2005, en mars 2011 et en septembre 2013.

Le tableau 1 révèle que certains pays, parmi lesquels : l'Australie (9,5% - 24,7%), la Belgique (12,0% - 38,0%), le Burundi (12,3% - 30,5%), l'Éthiopie (5,0% - 27,8%), la France (6,4% - 26,9), l'Israël (9,2% - 22,5), l'Ouganda (17,4% - 35,0%), le Portugal (8,7% - 28,7), le Rwanda (4,3% - 63,8%), le Sénégal (11,7% - 42,7%), et la Tanzanie (11,2% - 36,0), ont connu des progrès accentués en regard de l'intégration des femmes en politique entre les années 1995 et 2013. Pendant la même période, dans d'autres pays, comme l'Allemagne (26,2% – 32,9%), l'Argentine (21,8% - 37,4%), la Bolivie (10,8% - 25,4%), le Mozambique (25,2% - 39,2), et la Thaïlande (6,1% - 15,8%), l'implication des femmes en politique a quand même augmenté, quoique de manière plus modeste. Par ailleurs, certains États reconnus démocratiques depuis longtemps, tels que le Canada (18,0% - 24,7%), les États-Unis d'Amérique (10,9% - 17,8%), la Norvège (39,4% - 39,6%) et la Suède (40,4% - 44,7%), progressent lentement en ce qui concerne le taux de féminisation de leurs parlements.

En fait, j'ai sélectionné quelques pays démocratiques et non démocratiques afin de montrer que la démocratie n'est pas un facteur essentiel qui garantit la féminisation des parlements. A contrario, un parlement féminisé à 100% peut ne pas engendrer une amélioration des conditions de vie des femmes si ce parlement se trouve dans un régime très autoritaire où le parlement ne joue aucun rôle et où le président ne s'intéresse pas aux problématiques féminines. Cela étant dit, je peux comparer le Rwanda (63,8%) et le Portugal (28,7%) ; bien que ce premier pays ne soit pas démocratique, le pourcentage de femmes dans son parlement est plus du double de ce dernier. Par contre, nous ne sommes pas sans savoir que la démocratie constitue un moteur qui encourage l'égalité dans la représentation politique de la population. Ainsi, l'article 1 de la Déclaration universelle sur la démocratie dispose que « la démocratie est un idéal universellement reconnu et un objectif fondé sur des valeurs communes à tous les peuples qui composent la communauté mondiale, indépendamment des différences culturelles, politiques, sociales et économiques. Elle est donc un droit fondamental du citoyen, qui doit être exercé dans des conditions de liberté, d'égalité, de transparence et de responsabilité, dans le respect de la pluralité des opinions et dans l'intérêt commun[15] ».

---

[15] Union interparlementaire, Déclaration universelle sur la démocratie. http://www.ipu.org/cnl-f/161-dem.htm; consulté le 11 décembre 2013.

CHAPITRE II
Burundi : Aperçu géographique, historique et humain

Avant d'aller plus loin sur la question des femmes en politique au Burundi, essayons de repérer quelques données socio-historiques importantes de ce pays. Notons d'abord que 90% de la population burundaise est rurale[16] et que les femmes constituent 52% de cette population[17]. Ainsi, en parlant de l'intégration des femmes en politique au Burundi, il est important de garder à l'esprit que je traite la question de la représentation de plus de la moitié de la population burundaise. Ensuite, l'histoire contemporaine du Burundi a été marquée par la politisation des identités ethniques. Les femmes ont doublement souffert à cause de ces conflits ethniques. D'ailleurs, les problèmes ethniques font partie des obstacles à l'intégration des femmes en politique au Burundi. Enfin, signalons que c'est à partir de la guerre civile que les institutions démocratiques formelles ont été construites. Aussi, il faut garder à l'esprit qu'avant d'être politiciennes, les femmes intégrées en politique burundaise sont *hutues ou tutsics*. Ainsi, comme je vais le montrer plus loin, ceci fait partie des facteurs qui empêchent la lutte pour la promotion des droits et des libertés des femmes burundaises.

2.1 Géographie

Le Burundi est une « République indépendante, souveraine, laïque, démocratique et unitaire. Le principe de la République du Burundi est le Gouvernement du peuple, par le peuple et pour le

---

[16] Nations Unies. *Convention sur l'élimination de toutes les formes de discrimination à l'égard des femmes CEDAW/C/BDI/CO/4. Observations finales du Comité pour l'élimination de la discrimination à l'égard des femmes*, Burundi, 2008, p. 8.
[17] Gregonie Ndoricimpa. « Les femmes burundaises se mobilisent pour la paix », *Le Renouveau Burundi*, 5904(décembre), 2003, p. 3.

peuple[18] ». Ce petit pays d'Afrique de l'Est ayant comme capital Bujumbura est situé dans la région des Grands Lacs. Il partage ses frontières avec la République démocratique du Congo à l'Ouest, le Rwanda au Nord et la Tanzanie à l'Est et au Sud. Ayant une superficie de 27 834 km² et une densité de 350 habitants par km², le Burundi est divisé en dix-sept provinces. La population burundaise s'élève à 9,8 millions de personnes[19]. Elle est composée de trois ethnies, dont les *Hutus* qui forment la majorité soit 85% de la population, les *Tutsis* qui représentent 14% et les *Twas* qui constituent 1% de la population burundaise[20].

2.2 Histoire

Il est quasiment impossible d'analyser la question de l'intégration des femmes en politique au Burundi, sans parler de l'histoire de ce pays qui est marquée par des problèmes ethniques. Plus loin, je montrerai qu'un des facteurs qui a incité les femmes à s'intégrer à la gouvernance politique de leur pays est la guerre civile qui a découlé des conflits ethniques. De plus, dans la partie d'analyse des obstacles qui empêchent les femmes politiques burundaises d'exercer une influence en politique, je vais parler du problème des ethnies qui se pose lorsqu'on se demande : « qui sont ces représentantes de la population, et qui les ont aidées à entrer en politique ? ». Est-ce que les femmes politiques burundaises *hutues* représentent les femmes burundaises *hutues* et *tutsies* ? Ou, est-ce que les femmes politiques burundaises *tutsies* représentent les femmes burundaises *tutsies* et *hutues* ? Puis-je dire que les femmes politiques burundaises, peu importe leur ethnie, représentent

---

[18] République du Burundi. *Constitution intérimaire post-transition de la République du Burundi*, 2005, p. 4.
Disponible en ligne :
http://www.wipo.int/wipolex/en/text.jsp?file_id=195947; consulté le 13 décembre 2013.
[19] Union interparlementaire, Burundi Inama Nshingamateka, Assemblée nationale, *Système électoral*,
http://www.ipu.org/parline-f/reports/1049_B.htm; consulté le 11 décembre 2013.
[20] CIA – The World Factbook, Burundi, *peuple et société*,
https://www.cia.gov/library/publications/the-world-factbook/geos/by.html; consulté le 11 décembre 2013.

d'autres femmes de la société sans tenir compte des facteurs ethniques ?

Dans la partie de ce livre sur les obstacles, j'avancerai des éléments de réponse en considérant des études faites sur la question des ethnies et la représentation politique. Les documents des ONG ainsi que les analyses des rapports de la société civile burundaise vont également m'aider à répondre à ces questions. Pour le moment, je reviens à l'historique qui débute par les conflits entre les ethnies, pour se poursuivre par la démocratisation du Burundi.

2.2.1 Conflits ethniques

Les Allemands ont colonisé le Burundi de 1896 à 1916 et ont été remplacés par les Belges qui, eux aussi, ont occupé ce pays de 1916 à 1962. La colonisation du Burundi s'est terminée le 1er juillet 1962 par la proclamation de son indépendance.

Le Burundi a connu le régime de royauté à partir du quinzième siècle. Tous les rois qui ont régné sur ce pays étaient les *Tutsis*. Ces derniers étaient des éleveurs tandis que les *Hutus* étaient des agriculteurs. Quant aux *Twas*, ils faisaient la chasse et la poterie. Les caractéristiques ethniques n'étaient pas basées sur la taille ni la longueur du nez, comme les Belges l'ont fait quand ils ont voulu diviser le peuple burundais pour mieux régner sur lui. Des *Hutus* qui avaient beaucoup de biens passaient pour des *Tutsis,* qu'ils soient de petite ou de grande taille. Ceci explique pourquoi il y a présentement des Burundais de petite taille qui se disent être des *Tutsis* et des Burundais de grande taille qui s'identifient comme des *Hutus*.

La lutte contre la colonisation a eu lieu grâce à la fondation d'un parti politique multiethnique, l'Union pour le Progrès National (UPRONA), par le prince Louis Rwagasore en 1957. Ce prince « insistait sur la réconciliation entre les partis et sur le rétablissement de l'ordre[21] ». Malheureusement, il a été assassiné avant l'indépendance, le 13 octobre 1961[22]. Il fut le premier

---

[21] Augustin Nsanze. *Le Burundi contemporain, l'État nation en question,* Paris, Harmattan, 2003, p.71.
[22] Kiraranganya, 1985 : 24 ; Boniface Fidel Kiraranganya. *La vérité sur le Burundi : témoignage,* 2ème édition,

ministre du Burundi, du 29 septembre 1961 au 13 octobre 1961. Son assassinat « avait été ressenti par la population comme une immense perte[23] ».

Entre 1957 et 1961, « la lutte pour l'indépendance avait donné lieu à la création des partis politiques, les uns favorables à l'indépendance immédiate, les autres préférant l'indépendance pour plus tard[24] ». En tout, vint cinq partis politiques sont nés, mais seulement quatre étaient plus populaires que les autres parce qu'ils étaient appuyés par des étrangers. Il s'agissait de l'Union pour le Progrès National (UPRONA), le Parti Démocrate Chrétien (PDC), le Parti Démocrate Rural (PDR) et le Parti du Peuple (PP). Lors des élections du 18 septembre 1961, l'UPRONA a remporté les élections qui lui ont permis de se placer au gouvernement du pays après l'indépendance.

Au sein de l'UPRONA, la modération dont avait fait preuve le prince RWAGASORE fut ensevelie avec lui après sa mort. Les vieux princes astridiens[25] reprirent le pouvoir et utilisèrent les jeunes tutsi organisés au sein de l'association terroriste JNR (Jeunesse Nationaliste Rwagasore) pour décourager toute ambition chez les jeunes hutu que l'on accusa en plus d'être de mèche avec les révolutionnaires du Rwanda. Une nouvelle ligne politique fut tracée : il fallait traquer les intellectuels hutu pour les prendre de court avant qu'ils emportent la révolution du Rwanda. Ainsi commençait la triste odyssée pour l'ethnie hutu[26].

Sherbrooke, Naaman, 1985, p.24. Herménégilde Niyonzima. *Burundi, Terre des héros non chantés du crime et de l'impunité,* Vernier, Les Éditions REMESHA, 2004, p 30.
[23] Mariro, Augustin. *Burundi 1965 : La 1ère crise ethnique : genèse et contexte géopolitique*, Paris, Harmattan, 2005, p. 122.
[24] Herménégilde Niyonzima. *Burundi, Terre des héros non chantés du crime et de l'impunité,* Vernier, Les Éditions REMESHA, 2004, p. 29.
[25] Les astridiens sont les étudiants qui ont fréquenté le Groupe Scolaire d'Astrida à Butare, au Rwanda, à l'époque coloniale du Rwanda et du Burundi. Seuls les enfants provenant des familles politiques de cette époque avaient accès à cette école.
[26] Augustin Nsanze. *Le Burundi contemporain, l'État nation en question,* Paris, Harmattan, 2003, p.77 ;
RWAGASORE est au majuscule à l'original.

Après la mort du premier ministre, le prince Louis Rwagasore, les Upronistes[27] radicaux *tutsi*s « ont décidé de tribaliser la vie politique[28] » burundaise. Ce constat fut également relevé par Niyonzima et Kiraranganya[29]. Ces radicaux ont refusé que le vice-premier ministre Pierre Ngendandumwe (*Hutu*) remplace le prince Louis Rwagasore. Or, ce poste revenait normalement de droit au vice-président. La raison derrière cette réaction était « la peur d'une révolution sociale Hutu telle qu'elle venait de se produire au Rwanda voisin, deux ans plus tôt[30] ».

De son côté, le roi Mwambutsa « n'a jamais voulu s'adapter à la nouvelle forme de gestion politique, c'est-à-dire, la monarchie constitutionnelle : il a refusé de régner, il faisait et défaisait les gouvernements et exerçait un pouvoir absolu[31] ». C'est ainsi qu'entre 1961 et 1966, le Burundi a connu huit premiers ministres.

Le 28 novembre 1966, le premier ministre du roi, le lieutenant-général Micombero Michel, à l'époque capitaine, a renversé la monarchie[32]. Il fut ainsi le premier président à proclamer la République du Burundi. Son règne fut caractérisé par l'élimination physique de l'élite politique et militaire *hutu*[33] et l'assassinat du dernier roi du Burundi[34]. En avril 1972, il a lancé le génocide, non reconnu sur la scène internationale, qui a « emporté plus de 300

---

[27] Les Upronistes sont les partisans du parti politique UPRONA.
[28] Augustin Nsanze. *Le Burundi contemporain, l'État nation en question,* Paris, Harmattan, 2003, p.77.
[29] Herménégilde Niyonzima. *Burundi, Terre des héros non chantés du crime et de l'impunité,* Vernier, Les Éditions REMESHA, 2004, p. 32 et Kiraranganya, Boniface Fidel Kiraranganya. *La vérité sur le Burundi : témoignage,* 2ème édition, Sherbrooke, Naaman, 1985, p. 37-42.
[30] Herménégilde Niyonzima. *Burundi, Terre des héros non chantés du crime et de l'impunité,* Vernier, Les Éditions REMESHA, 2004, p. 32.
[31] Ibid, p. 31.
[32] Boniface Fidel Kiraranganya. *La vérité sur le Burundi : témoignage,* 2ème édition, Sherbrooke, Naaman, 1985, p. 67.
[33] René Lemarchand, René. « Le génocide de 1972 au Burundi », *Cahiers d'études africaines* [En ligne], 167, 2002, p. 551-568.
[34] Boniface Fidel Kiraranganya. *La vérité sur le Burundi : témoignage,* 2ème édition, Sherbrooke, Naaman, 1985, p. 76-85 ; Herménégilde Niyonzima. *Burundi, Terre des héros non chantés du crime et de l'impunité,* Vernier, Les Éditions REMESHA, 2004, p. 56-69.

000 Hutu[35] » massacrés par l'armée nationale et des milliers de *Tutsis* tués par la rébellion *hutue*[36].

Le 1er novembre 1976, le colonel Jean Baptiste Bagaza a renversé le pouvoir de Micombero. Dans la même lignée que son prédécesseur et pour assujettir les *Hutus,* celui-ci a mis sur pied un génocide intellectuel contre les *Hutus*[37]. Sous son règne, la sélection pour entrer à l'école secondaire était basée sur l'identité ethnique. Niyonzima explique qu'« [à] des fins discriminatoires, il y avait l'identification ethnique des écoliers à leur insu, et les copies du concours d'admission au cycle secondaire étaient discrètement marquées de la lettre « u » pour désigner l'élève Hutu, et la lettre « i » pour l'élève Tutsi ». Pour continuer les études secondaires, il fallait être parmi les élus identifiés par la lettre « i » ; les autres devaient retourner à la colline pour s'occuper de l'agriculture et de l'élevage[38] ».

Le 3 septembre 1987, le major Pierre Buyoya a pris le pouvoir. Ce troisième président a lui aussi poursuivi la voie tracée par ses prédécesseurs en initiant des projets de massacres des *Hutus*[39] dont l'événement le plus marquant fut celui de Ntega-Marangara[40] en août 1988. Il a fini par quitter le pouvoir lors des élections démocratiques de 1993.

Ces trois présidents ont quelque chose en commun : ils sont tous militaires, issus de la même province (Bururi) et de la même commune (Rutovu), ils sont tous de l'ethnie *tutsie* et sont tous

---

[35] Herménégilde Niyonzima. *Burundi. Terre des héros non chantés du crime et de l'impunité,* Vernier, Les Éditions REMESHA, 2004, p. 80.

[36] René Lemarchand. *The Burundi killings of 1972,* http://migs.concordia.ca/documents/The-Burundi-Killings-of- 1972Lemarchand.pdf ; consulté le 12 décembre 2011, 2008.

[37] Herménégilde Niyonzima. *Burundi, Terre des héros non chantés du crime et de l'impunité,* Vernier, Les Éditions REMESHA, 2004, p 84.

[38] Ibid., p. 85.

[39] Patricia Daley. *Gender & genocide in Burundi: the search for spaces of peace in the Great Lakes Region*, Bloomington, Indiana University Press, 2008, p. 268.

[40] Ntega et Marangara sont les communes du Burundi situées respectivement dans les provinces de Kirundo et Ngozi. Ces communes ont connu des affrontements entre des *Hutus* et des *Tutsis*. Ces conflits ont été suivis par des massacres perpétrés par l'armée gouvernementale, à l'époque *tutsie*, contre les *Hutus*. C'était sous le régime du président Pierre Buyoya.

arrivés au pouvoir par coups d'État[41]. Aussi, ils avaient pour principe commun d'éliminer les *Hutus*, surtout les *Hutus* éduqués[42]. En bref, des *Tutsis* ont régné sur le Burundi à partir du quinzième siècle jusqu'en 1993, au moment où le premier président *hutu*, Melchior Ndadaye, a pris le pouvoir par le moyen d'élections démocratiques[43].

Entre 1966 et 1993, le pouvoir politique burundais a été entre les mains d'un groupe militaire monolithique *tutsi*[44]. Comme l'expliquent Nsanze, Ntahongendera et Niyonkuru[45], l'histoire du Burundi a été marquée par la confiscation des droits politiques, juridiques, économiques et sociaux des *Hutus* et des *Twas* par des *Tutsis*. En conséquence, les massacres entre des *Hutus* et des *Tutsis* se sont toujours répétés au sein de la société burundaise depuis la période d'après l'indépendance. Il y a eu les massacres de 1965, 1969, 1972, 1988, 1991, et enfin la guerre civile qui a éclaté en 1993[46]. Cette guerre civile a été déclenchée suite à l'assassinat d'un

---

[41] Hakan Seckinelgin, Joseph Bigirumwami et Jill Morris. « Securitization of HIV/AIDS in Context: Gendered Vulnerability in Burundi », *Security Dialogue*, 41(5), 2010, p. 515-535 ; Stef Vandeginste. « Power-sharing, conflict and transition in burundi: Twenty years of trial and error ». *Afrika Spectrum, 44*(3), 2009 (b), p. 63-86.

[42] Jean-Pierre Chrétien et Jean-François Dupaquier. *Burundi 1972, au bord des génocides*, Paris, Karthala, 2007,
p. 152-258 ; Nsanze, Augustin (2003). *Le Burundi contemporain, l'État nation en question*, Paris, Harmattan, 2003, p. 209-265 ; Ntahongendera et Niyonkuru, 2009 : 10-26 ; Alain Aimé Nyamitwe. *Démocratie et ethnicité au Burundi : essai sur des mots et des acteurs autour d'un enjeu de justice et de pouvoir, 1962-2005*, Paris, Lethielleux, 2009, p. 15-23.

[43] Stef Vandeginste. « Le processus de justice transitionnelle au Burundi », *Droit et société*, 73(3), 2009(a), p. 591-611.

[44] Léonce Ndikumana, Léonce. « Distributional conflict, the state and peace building in Burundi », *Round Table*, 94(381), 2005, p. 413-427.

[45] Augustin Nsanze. « Le deuil du passé est-il possible ? », *Cahiers d'études africaines*, 173-174(1), 2004, p. 420-424 et Sébastien Ntahongendera et Anicet Niyonkuru. *Memorandum du parti CDP en rapport avec l'impunité du génocide hutu depuis 1972*, (inédit), Leverkusen, Flyeralarm, 2009, p. 12-16.

[46] André Guichaoua. *Les crises politiques au Burundi et au Rwanda, 1993-1994 : analyses, faits et documents*, Paris, Karthala, 1995, p.55 ; Lemarchand, René. « La mémoire en rivale de l'histoire », *Cahiers d'études africaines* [En ligne], 173-174, 2004, p. 431-434 ; Augustin Mariro. *Burundi 1965 : La 1ère crise ethnique : genèse et contexte géopolitique*, Paris, Harmattan, 2005, p. 173-208 ; Alain Aimé Nyamitwe. *Démocratie et ethnicité au Burundi : essai sur des mots et des acteurs*

président *hutu* par un groupe de militaires *tutsis* qui ne parvenaient pas à accepter de travailler avec un dirigeant *hutu*. Elle s'est terminée en 2000 avec les Accords de paix d'Arusha pour le partage du pouvoir entre des représentants des trois ethnies burundaises.

---

autour d'un enjeu de justice et de pouvoir, 1962-2005, Paris, Lethielleux, 2009, p. 15 et 27 ; Jean-Marie Sindayigaya. *Grands Lacs : Démocratie ou Ethnocratie ?*, Paris/Montréal, Harmattan, 1998, p. 106-126.

CHAPITRE III
Démocratisation du Burundi

La démocratisation des pays africains sous la pression internationale a commencé au début des années 1990, suite à la fin de la guerre froide, invitant la démocratie à s'installer au Burundi et dans le reste du monde, particulièrement en Afrique. Le pays qui était dirigé par un seul parti depuis la 1ère république de Micombero, l'UPRONA, a ainsi été obligé d'adopter le système politique multipartite. Des *Hutus* éduqués qui avaient fui les massacres de 1972, ensemble avec un petit nombre de *Tutsis* et de *Hutus* qui étaient restés au Burundi ont fondé le parti politique FRODEBU (Front pour la démocratie au Burundi). Dirigé par Melchior Ndadaye, ce parti a remporté les élections en 1993[47]. Ainsi, le 1er juin 1993, le premier gouvernement démocratique a été élu et fut dirigé par un président *hutu*, Melchior Ndadaye[48].

Malheureusement, il a dirigé le Burundi du 1er juin au 21 octobre 1993 et a été assassiné par l'oligarchie politico-militaire *tutsie*. Baker (2000), Brown et Kaiser (2007) et Guichaoua (1995 : 93-97) expliquent que l'assassinat de ce président a affaibli la continuité de la démocratie. Le président par intérim, Cyprien Ntaryamira, un *Hutu*, a pris la relève et a dirigé le Burundi de février à avril 1994. Il fut lui-même victime d'un attentat contre l'avion de son homologue rwandais Juvénal Habyarimana. Après sa mort, Sylvestre Ntibantunganya, un autre président *hutu*, a également assuré l'intérim et a été au pouvoir jusqu'en juillet 1996, quand l'ancien président *tutsi*, Pierre Buyoya, a repris le pouvoir par coup d'État. Le règne de celui-ci a été fragilisé par le groupe

---

[47] Filip Reyntjens. « Briefing: Burundi: A Peaceful Transition After a Decade Of War? », *Oxford Journals*, 105(418), 2005, p. 117-135.
[48] Stephen Brown et Paul Kaiser. « Democratisations in Africa: attempts, hindrances and prospects », *Third World Quarterly*, 28(6), 2007, p. 1131-1149 ; André Guichaoua. *Les crises politiques au Burundi et au Rwanda, 1993-1994 : analyses, faits et documents,* Paris, Karthala, 1995, p. 80-84 ; Rosemarie Skaine. *Women Political Leaders in Africa,* North Carolina, McFarland & Company, Inc., 2008, p. 87.

rebelle *hutu* nommé Forces de défense de la démocratie (FDD) qui voulait remettre le pouvoir entre les mains du peuple.

La guerre civile a forcé le président Pierre Buyoya à accepter les négociations de paix entre les Burundais. Ces négociations ont abouti aux Accords de paix d'Arusha conclus en 2000. En vertu de ces Accords, un président *hutu*, Domitien Ndayizeye, a dirigé le Burundi d'avril 2003 à août 2005. Cette époque fut la période de transition pendant laquelle de nouvelles élections démocratiques ont été préparées. Pendant la même année et à l'issue de ces élections, un autre président *hutu*, Pierre Nkurunziza, a été porté au pouvoir et a signé les ententes de cessez-le-feu en septembre 2006[49].

La nouvelle Constitution de 2005 a accordé un quota de 60% de sièges aux *Hutus*, de 40% de sièges aux *Tutsis* et d'un minimum de 30% de sièges aux femmes, au parlement et au gouvernement[50]. Le président Pierre Nkurunziza a été réélu en juin 2010 et dirige encore le Burundi en 2011. Bien que son gouvernement soit considéré démocratique par certains observateurs internationaux, les grands partis qui forment l'opposition se sont retirés du processus électoral (Vandeginste, 2011). Ces derniers étaient déçus par le déroulement des élections et espéraient l'intervention de la communauté internationale. Le président Pierre Nkurunziza a ainsi obtenu 91,6% de voix puisque les autres ont boycotté les élections, dans un contexte d'opacité de l'État.

---

[49] Rosemarie Skaine. *Women Political Leaders in Africa,* North Carolina, McFarland & Company, Inc., 2008, p. 87.
[50] Ibid.

CHAPITRE IV
Régime politique

Le Burundi est une république, dirigée par un président élu au suffrage universel pour un mandat de cinq années (renouvelable une seule fois). Dans l'article 18 de sa Constitution, le gouvernement du Burundi reconnaît le respect de la séparation des pouvoirs exécutif, judiciaire et législatif. Le pouvoir exécutif est aux mains du gouvernement dirigé par le Président de la République, deux vice-présidents et les membres du Gouvernement. Le Président de la République est en même temps le chef du gouvernement et le commandant en chef des corps de défense et de sécurité. Élu par le peuple pour un mandat de cinq ans renouvelable une seule fois, le Président de la République nomme les deux vice-présidents « après approbation préalable de leur candidature par l'Assemblée nationale et le Sénat votant séparément et à la majorité de leurs membres. Ils sont choisis parmi les élus[51] ». En consultation avec les deux vice-présidents, le Président de la République désigne les membres du Gouvernement. Le Premier vice-président est chargé de la coordination du domaine politique et administratif du pays tandis que le Deuxième vice-président s'occupe de la coordination du domaine économique et social. Quant aux membres du gouvernement, ils proviennent des partis politiques et des groupes ethniques différents. Ils sont « responsables devant le Président de la République[52] ».

Pour ce qui est du pouvoir judiciaire, il est assuré par les cours et les tribunaux. Selon l'article 209 de la Constitution burundaise, ce pouvoir doit être « impartial et indépendant du pouvoir législatif et du pouvoir exécutif ». Par contre, « [a]u Burundi la main mise du pouvoir exécutif sur le pouvoir judiciaire est la base d'une

---

[51] République du Burundi. *Constitution intérimaire post-transition de la République du Burundi, 2005, p.* 29.
Disponible en ligne :
http://www.wipo.int/wipolex/en/text.jsp?file_id=195947; consulté le 13 décembre 2013.
[52] Ibid, p. 31.

justice à double vitesse, avec à la clé la consécration de l'impunité [...]⁵³ ».

Quant au pouvoir législatif burundais, il est exercé par le parlement divisé en deux chambres, dont l'Assemblée nationale et le Sénat. Les propositions et projets de loi sont présentés au parlement qui vote la loi et contrôle les actions du gouvernement. L'article 192 de la Constitution burundaise détermine que « [l]'initiative des lois appartient concurremment au Président de la République, au Gouvernement, à l'Assemblée Nationale et au Sénat⁵⁴ ». Le Parlement partage le pouvoir législatif avec le Gouvernement : le Président de la République exerce le pouvoir réglementaire et assure l'exécution des lois.

En parlant de la manipulation des partis présidentiels en Afrique, De Wall (2003) explique que ceux-ci instrumentalisent les pouvoirs législatif et exécutif et s'ingèrent dans presque toutes les affaires relevant de ces deux pouvoirs. Au Burundi, la présence du parti présidentiel dans le fonctionnement du pouvoir législatif est forte. « On observe une allégeance de plus en plus marquée des députés de la mouvance présidentielle à l'Exécutif. Suite à cela, certains observateurs critiques n'hésitent pas à qualifier l'Assemblée Nationale de véritable chambre d'enregistrement⁵⁵ ».

Je suis consciente que l'ingérence du pouvoir exécutif affaiblit le poids décisionnel du parlement. Au pouvoir exécutif burundais « les femmes occupent 43% des places, soit 9 femmes ministres sur 21⁵⁶ ». Je pense que l'ingérence de l'exécutif (composé de 43% de femmes) au parlement (composé de 32,1% de femmes) ne devrait pas affaiblir le poids politique du parlement burundais en ce qui

---

⁵³ Nina Kayogera. *La magistrature au Burundi*, http://www.grandslacs.net/doc/3578.pdf; 2003, consulté le 10 décembre 2011.
⁵⁴ République du Burundi. *Constitution intérimaire post-transition de la République du Burundi*, 2005, p. 49.
Disponible en ligne :
http://www.wipo.int/wipolex/en/text.jsp?file_id=195947; consulté le 13 décembre 2013.
⁵⁵ Observatoire de l'Action Gouvernementale, O.A.G. *Burundi : une gouvernance fortement marquée par le spectre des élections de 2010*, 2009, p. 59.
⁵⁶ République du Burundi, Burundi/Genre : - Atelier d'échange d'expériences. République du Burundi, *Burundi/Genre : - Atelier d'échange d'expériences*, http://www.burundi-gov.bi/Burundi-Genre-Atelier-d-echange-d,1520; consulté le 11 décembre 2011.

concerne la promotion et la sensibilisation des droits et libertés des femmes. Un exemple concret qui appuie mon raisonnement est celui du Rwanda. Bien que le Président Paul Kagame soit inscrit sur la liste des dictateurs et que son pouvoir exécutif s'ingère dans la gestion du pouvoir législatif et judiciaire, une grande présence des femmes dans son parlement a amené un certain changement en ce qui concerne les conditions de vie des Rwandaises[57].

Une étude faite par l'Association pour la Défense des droits de la femme et de l'enfant explique que « [l]es séquelles de la coutume qui étaient à certains égards discriminatoires envers la femme sont progressivement levées, notamment la discrimination successorale de la femme est abolie, le garçon et la fille sont successibles au même titre[58] », les filles enceintes ne sont plus exclues de l'école, les veuves ont désormais le droit de gérer les biens de leurs maris et enfants mineurs, etc. A contrario, des auteur-e-s présentent une vision plus critique de la participation politique des femmes au Rwanda. Ainsi, Longman (2006) se demande si la proportion généreuse de femmes à la Chambre des députés du Rwanda est un indicateur juste d'égalité des sexes ou si ces femmes politiques ne sont pas plutôt des marionnettes au service d'un État autoritaire. Dans la même perspective, Tripp (citée par Powley 2005) avance l'idée qu'en nommant des femmes à des postes de pouvoir, les hommes politiques rwandais ont peut-être cherché à aménager de nouvelles formes d'expression du favoritisme ainsi qu'une loyauté aveugle à un régime totalitaire. Quoi qu'il en soit, il est possible que quand le gouvernement manifeste une volonté politique soutenue d'impliquer les femmes à

---

[57] Association pour la Défense des droits de la femme et de l'enfant HAGURUKA A.s.b.l., *La femme rwandaise et l'accès à la justice*,
http://repositories.lib.utexas.edu/bitstream/handle/2152/4881/3989.pdf?sequence=1; consulté le 13 décembre 2013; Organisation internationale de la francophonie, *Code du travail rwandais, des avancées circonscrites*, http://genre.francophonie.org/spip.php?article924; consulté le 13 décembre 2013 ; UNICEF, *Rwanda: The Impacts of Women legislators on Policy Outcomes Affecting Children and Families*,
http://www.unicef.org/Rwanda.pdf; consulté le 13 décembre 2013.
[58] Association pour la Défense des droits de la femme et de l'enfant HAGURUKA A.s.b.l., *La femme rwandaise et l'accès à la justice*,
http://repositories.lib.utexas.edu/bitstream/handle/2152/4881/3989.pdf?sequence=1; consulté le 13 décembre 2013.

son pouvoir, son ingérence dans les affaires du législatif n'empêche pas la promotion des droits des femmes dans une société. Alors, qu'est-ce qui explique l'état des conditions des femmes au Burundi ?

CHAPITRE V
Conditions des femmes dans la société burundaise. Et ailleurs ?

5. 1 Au Burundi – la place et les rôles des femmes

Dans son livre *Quelques lignes tracées à la craie, le droit des femmes en 2000*, De Théus explique que les inégalités entre les femmes et les hommes ont été créées par ces derniers qui considèrent ces premières comme « les gardiennes de l'univers domestique ». L'auteure ajoute que ces « inégalités sont presque universelles[59] ». Effectivement, les femmes burundaises n'échappent pas à cette réalité qui affecte les femmes dans presque tous les coins du monde. Au Burundi, comme ailleurs dans les pays africains, les femmes sont les principales responsables des foyers, tandis que les hommes sont les gestionnaires des affaires publiques. Comme je l'ai mentionné brièvement dans les pages précédentes, *la société burundaise a longtemps jugé que les femmes devaient se contenter des rôles de mères et d'épouses*[60]. Leurs rôles sont davantage liés aux tâches domestiques ainsi qu'à la gestion de l'économie familiale. Il convient de mentionner également que comme dans tous les pays en développement, les femmes burundaises sont attachées à leur mari pour des raisons culturelles et économiques qui exigent qu'elles se soumettent à celui-ci. En conséquence, les femmes occupent une position de subordination par rapport à la place dominante des hommes.

---

[59] Cyrille De Théus. *Quelques lignes tracées à la craie, le droit des femmes en 2000*, Courtry, La Rotonde, 2000, p. 179.
[60] Falch, Åshild (2010). *Women's Political Participation and Influence in Post-Conflict Burundi and Nepal*, 2010, p. 56.
 Disponible en ligne :
http://www.peacewomen.org/assets/file/Resources/Academic/partpol_postconburundinepal_falch_2010.pdf;
 consulté le 13 décembre 2013. ; je mets en italique.

Ce statut de subordination et de dépendance des femmes burundaises présente un obstacle à leur autonomie et épanouissement intellectuel, professionnel, politique et économique. Il contribue également à l'oppression des femmes dans la société. Je ne dois pas perdre de vue que la dépendance causée par *la position de subordination des femmes est l'une des raisons qui renforce les inégalités entre les femmes et les hommes* devant la loi. Par exemple, si une femme burundaise épouse un étranger, celui-ci ne peut obtenir la citoyenneté burundaise et celle-là n'a pas le droit de transmettre sa nationalité à ses enfants. Par contre, si un homme burundais épouse une étrangère, celle-ci a le droit à la citoyenneté burundaise[61]. Cet exemple montre que même devant la loi burundaise, les femmes et les hommes ne sont pas égaux. En raison du statut de subordination des femmes burundaises, les rapports de pouvoir entre les femmes et les hommes se banalisent, d'abord au niveau familial, puis au niveau communautaire et national.

Au Burundi, les « relations de pouvoir hommes-femmes pèsent lourdement sur la capacité des femmes à accéder aux ressources de la terre : régimes de succession inégaux, précarité des droits d'usage, accès à des terres de quantité et de qualité inférieure, etc.[62] ». La grande majorité des Africaines sont des cultivatrices. Malheureusement, elles « détiennent moins d'1% des terres du continent […] Les femmes agricultrices perçoivent seulement 1% des montants des crédits alloués à l'agriculture et possèdent moins de droits économiques ainsi qu'un accès restreint aux ressources et aux opportunités économiques, notamment à la terre et aux facilités de crédit[63] ».

---

[61] ACAT et OMCT. *Les violences contre les femmes au Burundi*, 2008, p. 9. Disponible en ligne :
http://www2.ohchr.org/english/bodies/cedaw/docs/ngos/rapportalternatifburundi.pdf, consulté le 13 décembre 2013.
[62] Programme des Nations Unies pour le développement (PNUD) *Accès aux terres : encore un obstacle pour les femmes*,
http://www.bi.undp.org/gender/index.php?option=com_content&view=article&id=12:lacces-aux-terres-encore-un-obstacle-pour-les-femmes&catid=5:actualite&Itemid=9 ; consulté le 7 novembre 2011.
[63] Ibid.

Au Burundi, bien que les femmes cultivent les terres de leur mari, de leur père et/ou de leur beau-père, elles n'ont pas le droit d'hériter de ces terres. Les hommes et les garçons sont les héritiers des terres de leur père, tandis que les filles et les femmes ne peuvent pas l'être. Ces dernières n'héritent pas de leur père, parce qu'elles sont considérées comme des personnes destinées à aller vivre dans d'autres familles (les belles familles). Lorsqu'elles perdent leur mari, les veuves sont dépossédées du droit d'accès aux terres de celui-ci[64]. De plus, elles sont souvent obligées de retourner chez leurs parents, surtout si elles n'ont jamais eu d'enfants avec leur mari. Je dirais que même si aucune loi burundaise ne déclare ouvertement que les femmes sont des servantes conventionnelles ou naturelles de leur mari pour le travail de la terre, tel est le cas dans les faits.

Les mentalités ancestrales qui font des femmes des êtres inférieurs aux hommes et qui accordent à ceux-ci des droits supérieurs ont comme conséquence la *non-reconnaissance de la contribution des femmes au développement économique du pays*. En partant, les femmes burundaises jouent des rôles importants dans le développement économique du pays à travers leurs travaux agricoles, l'élevage du bétail, les activités économiques informelles, etc. Je rappelle ici que le secteur agricole est l'activité principale de l'économie du Burundi et que la population burundaise dépend à 90% de l'agriculture. Cependant, dans la plupart des cas, les femmes n'ont pas accès aux fruits de la récolte, alors que ce sont elles qui cultivent les champs[65]. Le Programme des Nations Unies pour le développement (PNUD) explique que dans tous les pays, « les femmes souffrent plus que les hommes des différentes formes de pauvreté, car elles sont victimes d'inégalités flagrantes : accès inégal à l'instruction, à la santé, aux moyens de

---

[64] Hakan Seckinelgin, Joseph Bigirumwami et Jill Morris. « Conflict and Gender: The Implications of the Burundian Conflict on HIV/AIDS risks », *Conflict, Security & Development,* 11(1), 2011, p. 55-77.

[65] ActionAid International. *Her Stories, Leurs Histoires*, 2010, p. 50. Disponible en ligne : http://www.actionaid.org/sites/files/actionaid/her_stories_-_case_studies_from_actionaids_violence_against_women_project.pdf; consulté le 13 décembre 2013.

production, à la propriété et aux postes à responsabilité politique[66] ». Dans la société burundaise, les filles ne sont pas traitées sur le même pied d'égalité que les garçons[67]. *Envoyer une fille à l'école est encore considéré comme une perte de temps* dans plusieurs coins du pays, surtout en milieu rural. En conséquence, *le taux d'analphabétisme est élevé chez les femmes*. Par exemple, 83,4% des femmes en milieu rural n'ont pas fréquenté l'école primaire[68].

Une des publications nationales du Programme des Nations Unies pour le Développement sur le Burundi explique que jusqu'en 2010, les filles « du primaire et du secondaire étaient parfois forcées d'abandonner l'école pour se soumettre à des mariages précoces et forcés et ainsi, leur avenir était gâché pour toujours. Pire, elles sont parfois victimes de leurs éducateurs et alimentent la polygamie cachée, une pratique prohibée par la loi burundaise[69] ». En fait, le droit à l'éducation des filles est miné par certaines valeurs culturelles qui voient l'avenir des filles tributaire des hommes - ou maris. En conséquence, les jeunes filles doivent se marier pour avoir un avenir. Je souligne qu'en général, dans les situations où les filles sont forcées de se marier, la liberté et les droits de choisir comment, quand et avec qui faire son avenir sont réduits *au plaisir, à la liberté et aux droits des hommes qui choisissent leurs partenaires, sans consentement mutuel*. En d'autres termes, si un homme choisit une fille et que les parents y consentent, elle doit l'épouser, même si elle n'est pas d'accord.

---

[66] Programme des Nations Unies pour le développement (PNUD), *Femmes et pauvreté*,
http://www.teamstoendpoverty.org/wq_pages/fr/visages/femmesetpauvrete.php; consulté le 13 décembre 2013.
[67] Jean Bosco Nzosaba. *Intégration de la femme au niveau local,* 2009. http://www.oag.bi/spip.php?article839; consulté le 13 décembre 2013.
[68] Organisation des Nations Unies pour l'Alimentation et l'Agriculture, F.A.O. *La femme et l'environnement, élaboration de la Stratégie Nationale pour l'Environnement au Burundi (SNEB),* 1997, p.11.
Disponible en ligne :
http://www.grandslacs.net/doc/3207.pdf; consulté le 7 novembre 2011.
[69] Programme des Nations Unies pour le développement (PNUD), *Halte aux violences basées sur le genre,*
http://www.bi.undp.org/gender/index.php?option=com_content&view=article&id =7:halte-aux-violences-basees-sur-le-genre-&catid=5:actualite&Itemid=9; consulté le 7 novembre 2011.

Aussi, la soumission des femmes à leur époux est telle que même les femmes éduquées et fonctionnaires de l'État remettent le montant total de leur salaire à leur mari[70].

Il ne faut pas ignorer qu'à cette souffrance des femmes, s'ajoute le fardeau de la reproduction qui, en plus, tend à définir l'identité et la valeur des femmes burundaises. Traditionnellement, le rôle primordial des femmes était celui de la reproduction de l'espèce humaine. Ce n'est plus le cas aujourd'hui dans les pays qui ont atteint un certain degré de démocratie et de développement économique, permettant aux femmes de choisir entre mettre au monde des enfants ou ne pas le faire. Dans les pays où les mentalités n'ont pas encore changé, souvent des pays agricoles, le statut « maternel » des femmes ne va pas sans abus dans les cas où elles ne peuvent être mères – et surtout mères de garçons. En d'autres termes, *elles subissent des violences émotionnelles et parfois physiques quand elles ne parviennent pas à reproduire, notamment des fils.* Je ne veux pas passer sous silence les violences faites aux femmes qui ne parviennent pas à avoir d'enfants pour des raisons de maladie ou de stérilité naturelle au Burundi. Même les femmes qui ne donnent naissance qu'à des filles sont parfois ridiculisées et abusées physiquement par leur époux[71], comme si le sexe de l'enfant était déterminé par sa mère. Sur la situation de la reproduction des femmes, je dois ajouter que *le code du travail du gouvernement défavorise également les femmes en congé de maternité.* Par exemple, l'article 123 du code du travail exige

---

[70] Ce sont les hommes qui décident quoi faire avec les revenus de leurs épouses. Il peut arriver au point où celles-ci soient obligées de demander de l'argent à leur mari pour acheter les produits nécessaires à leurs soins corporels, alors qu'elles ont travaillé pour cet argent. Certains hommes font du chantage à leurs épouses en leur disant que si elles refusent ce qu'ils exigent, ils vont épouser d'autres femmes (la polygamie). Quand ceci arrive, les premières femmes ainsi que leurs enfants sont chassés de leurs foyers (*Action Aid International*, 2010 : 59-60) ou ils y restent mais dans de mauvaises conditions.

[71] L'exemple concret est celui d'une femme nommée Francine Nijimbere qui, après la mort de son premier mari, a été forcée par ses parents et beaux-parents d'épouser le frère de son mari. Après avoir mis au monde sa première fille, son mari a commencé à la menacer. Lors de la deuxième grossesse d'une fille, il lui a coupé les deux bras en guise de punition (IRIN, Humanitarian news and analysis, a service of the UN Office for the Coordination of Humanitarian Affairs, 2008).

qu'elles soient payées la moitié de leur salaire, tandis que « les autres congés sont payés en totalité[72] ».

Les femmes burundaises sont « constamment sous la protection d'un père, d'un frère, d'un oncle, d'un mari ou d'un conseil de famille[73] ». En revanche, les hommes qui doivent assurer la protection aux femmes sont souvent ceux qui les frappent et en abusent sexuellement, sans aucune poursuite légale. Au Burundi, « les ménages constituent le principal foyer des violences[74] », mais *les tribunaux n'interviennent pas dans ces conflits parce que les abus domestiques sont considérés comme des affaires privées.* C'est aux membres de la famille de se réunir afin de résoudre ces problèmes. Le rapport sur les violences contre les femmes au Burundi fait par l'ACAT et l'OMCT explique que jusqu'en 2008, « le viol ou les traitements cruels, inhumains ou dégradants sont moins sévèrement réprimés que le vol ou le détournement de fonds[75] ». Je rappelle ici que dans la plupart des cas, ces premiers sont faits aux femmes. Ce rapport révèle qu'une grande majorité des femmes burundaises subit les violences économiques, les harcèlements sexuels, les viols conjugaux et d'autres formes de violences domestiques, psychologiques et physiques. *Tous ces abus passent inaperçus dans un pays où 30,5% des parlementaires sont des femmes.*

5.2 Au Burundi – le trafic humain

Dans ce pays, le crime de trafic humain affecte les jeunes filles venant des familles pauvres, celles éduquées qui rêvent trouver un meilleur travail à l'étranger mais qui finissent par se trouver enfermées dans des maisons pour la prostitution dans les pays lointains, les universitaires et étudiantes des écoles secondaires qui sont vendues par leurs collègues à l'intérieur du Burundi, les jeunes de bas âges (5 – 10 ans) qui sont vendus pour garder les

---

[72] ACAT et OMCT. *Les violences contre les femmes au Burundi,* 2008, p. 10. Disponible en ligne :
http://www2.ohchr.org/english/bodies/cedaw/docs/ngos/rapportalternatifburundi.pdf, consulté le 13 décembre 2013.
[73] Ibid., p. 9.
[74] Ibid., p. 10.
[75] Ibid., p. 12.

troupeaux dans les champs ou mendier dans les rues afin d'apporter l'argent à leurs patrons à la fin de la journée, etc. Cette dernière forme de trafic humain affecte surtout les jeunes garçons. Dans la plupart des cas, au Burundi, ce sont les femmes qui, malheureusement, font le trafic humain contre les jeunes filles.

D'habitude au Burundi, les familles aisées se permettent d'embaucher les jeunes filles et/ou les jeunes garçons pour les tâches domestiques. Ce qui arrive souvent aux jeunes filles de ménage, elles sont abusées sexuellement par les patrons de la maison et sont menacées de ne rien dire afin de garder leur travail. Quand elles tombent enceintes par malheur, elles sont chassées de la maison. Ceci n'est pas un secret auprès des autorités burundaises. Certains trafiquants ont été arrêtés en 2012 mais ils ont été libérés après avoir payé une somme d'argent aux autorités en charge.

En fait, le trafic humain, les préjugés, les discriminations, la domination prononcée des hommes sur les femmes et le statut de subordination de celles-ci handicapent et limitent grandement leur développement, et ce, à moult égards. En conséquence, l'augmentation du nombre des femmes en politique n'a pas pour conséquence automatique l'amélioration des conditions de vie des femmes dans la société. Néanmoins, pour terminer cette partie, je dois mentionner que ce n'est pas seulement au Burundi que les droits et les libertés des femmes sont bafoués. Alors, que se passe-t-il ailleurs ?

5.3 Et ailleurs ?

Dans son livre *Quelques lignes tracées à la craie, le droit des femmes en 2000*, De Théus (2000) parle de l'absence des droits et libertés des femmes dans certains pays du monde. Par exemple en Éthiopie, le Code civil suppose que les femmes doivent totalement être soumises à leurs maris. Les hommes choisissent et les femmes doivent se soumettre aux décisions de leur mari qui, à leur tour, leur doivent protection. En Égypte, « la femme perd le droit à la subsistance si elle quitte son domicile sans l'autorisation de son mari[76] ». Dans ce pays, la soumission totale des femmes est appuyée par le gouvernement, qui va jusqu'à « demander aux juges de notifier à la femme les conséquences de sa désobéissance, sans que la police n'ait plus à s'en mêler[77] ».

La situation dans certains pays de l'Amérique latine n'est pas si différente de celle des quelques pays africains évoqués. Au Guatemala par exemple, les femmes peuvent travailler seulement si leur travail ne présente pas une menace au bien-être de leurs enfants et si ce travail n'empêche pas les femmes de réaliser leurs tâches domestiques. Cependant, si le mari gagne suffisamment d'argent pour subvenir aux besoins de la famille, il peut exiger que sa femme reste à la maison. En Argentine, le Code civil « réserve au seul mari le contrôle » des biens de la famille[78]. Au Brésil, la situation est similaire. Dans ce pays, « c'est le mari qui est réputé détenir l'autorisation sur les biens acquis en commun avec sa femme[79] ».

Pour revenir au cas des conditions de vie des femmes au Burundi, il convient de mentionner que les cadres légaux qui protègent les droits des femmes dans ce pays sont déjà en place (Articles 12, 13, 14, 19, 22, 27, 28, 54, 78 de la Constitution burundaise). Ce sont les mentalités coutumières et les valeurs culturelles qui posent encore des obstacles à l'égalité des femmes et des hommes. Il faut également noter que les conditions de vie des femmes burundaises n'ont pas contribué à leur intégration en politique. Mais pourquoi les femmes doivent-elles entrer en politique, et plus particulièrement au parlement ? Pourquoi les femmes doivent-elles occuper les postes qui ont été réservés aux hommes pendant longtemps ?

---

[76] Cyrille De Théus. *Quelques lignes tracées à la craie, le droit des femmes en 2000,* Courtry, La Rotonde, 2000, p. 127.
[77] Ibid.
[78] Par exemple, si une femme et son mari payent ensemble la maison et la voiture, seul le mari jouit du contrôle légal de ces biens.
[79] Cyrille De Théus. *Quelques lignes tracées à la craie, le droit des femmes en 2000,* Courtry, La Rotonde, 2000, p. 129.

CHAPITRE VI
Pourquoi des femmes en politique ? Facteurs incitatifs à l'intégration des femmes en politique au Burundi

Plusieurs auteures ont réfléchi aux raisons pour lesquelles les femmes doivent être présentes en politique[80].

Premièrement, c'est à travers la politique que sont prises les décisions qui affectent les aspects sociaux, juridiques et économiques d'une société. Ainsi, les choix faits par les politicien-ne-s ont des conséquences sur tous les aspects de la vie de la population. En d'autres termes, les femmes et les hommes d'une société donnée sont affectés par les décisions des politicien-ne-s de leur pays. Donc, les deux sexes devraient normalement être représentés en politique pour faire avancer les intérêts de tous les groupes. De plus, les femmes accordent beaucoup plus de priorité aux thématiques de nature sociale, tandis que les hommes donnent plus d'importance aux projets de nature économique. Ainsi, les femmes et les hommes doivent gouverner afin de représenter de façon équilibrée les intérêts du peuple. Autrement dit, les intérêts de la population féminine et ceux de la population masculine doivent tous être représentés.

---

[80] Joni Lovenduski. *Feminizing Politics,* Londres, Polity, 2005, p.12-44; Mercedes Mateo Diaz. *Representing Women ? Female Legislators in West European Parliaments*, Colchester, ECPR Press, 2005, p. 109-127; Anne Phillips. *The Politics of Presence,* Oxford, Clarendon Press, 1995, p. 1-56 ; Anne Phillips. « Democracy and Representation: Or, Why Should It Matter Who Our Representative Are? » dans Anne Phillips (dir.), *Feminism & Politics*, Oxford, Oxford University Press, 1998, p. 224-240 ; Melissa S. Williams. *Voice, Trust, and Memory. Marginalized Groups and Failings of Liberal Representation*, Princeton, Princeton University Press, 1998, p. 3-22 ; Iris Marion Young, Iris Marion. «Policy and Group Difference: A Critique of the Ideal of Universal Citizenship», *Ethics*, 99(2), 1989, p. 250-274.

Deuxièmement, « puisqu'un être humain sur deux est une femme, il n'est que simple justice que les deux sexes soient égaux face à la représentation politique[81] ». En d'autres termes, l'égalité entre les sexes doit se refléter aussi dans la représentation politique. Comme nous le savons, la définition populaire de la démocratie est le pouvoir du peuple, par le peuple et pour le peuple. Si la moitié de ce peuple n'est pas, ou est mal représentée, on ne peut parler de démocratie dans un pays donné.

Un troisième argument qui milite en faveur de l'importance de la présence des femmes en politique provient de l'analyse féministe. Celle-ci dispose que les femmes doivent être représentées par d'autres femmes pour mieux défendre les besoins de la population féminine. Bien que cette logique soit compréhensible, elle me semble méconnaître la réalité de l'intégration des femmes en politique. Une fois élues, celles-ci peuvent soit représenter les intérêts des autres femmes, soit exclure d'autres femmes pour leurs propres gains. De plus, elles peuvent être instrumentalisées par les politiciens ou les hommes d'affaires qui les ont aidées à entrer en politique. En outre, il peut arriver qu'elles soient dominées par leurs partenaires masculins au sein des partis qui partagent avec elles les responsabilités partisanes. Toutefois, et fort heureusement, je dois reconnaître que certaines femmes politiques résistent à l'instrumentalisation ainsi qu'à la domination masculine et défendent les droits et les libertés d'autres femmes de la société à travers l'abolition des lois coutumières qui discriminent les femmes, la sensibilisation à la lutte pour les droits et libertés des femmes, etc.

Au Burundi, qu'est-ce qui a permis aux femmes d'entrer en politique ? Parmi les facteurs qui ont contribué à l'intégration des femmes en politique au Burundi, il y a d'abord la fin de la guerre froide et la pression internationale qui l'a suivie. Cette pression visait la démocratisation des pays reconnus non démocratiques. Ensuite, il y a la guerre civile burundaise suivie par les Accords de paix d'Arusha qui ont mis fin à cette guerre. Enfin, il y a la bonne volonté de l'État burundais qui a soutenu l'implication des femmes dans la gouvernance du pays. Cette conjoncture a progressivement

---

[81] Manon Tremblay. *100 questions sur les femmes et la politique,* Montréal, Éditions du Remue-ménage, 2008, p. 136.

augmenté le nombre de femmes en politique et a permis de mettre en place des institutions chargées d'assurer le respect des quotas établis dans les Accords de paix d'Arusha. Ces Accords disposent d'un quota minimum de 30% de femmes au parlement, au gouvernement et dans les organes dirigeants des partis politiques. Je passe maintenant au premier facteur.

CHAPITRE VII
Comment sont-elles arrivées en politique ?

7.1 Fin de la guerre froide et pression internationale à la démocratisation

La fin de la guerre froide a été suivie par le début de la démocratisation dans beaucoup de pays africains, dans la mesure où la « bonne gouvernance » a promptement commencé à marquer les agendas politiques de ces pays[82]. Sous l'égide du Feu Président François Mitterrand, le sommet de La Baule au début des années 1990 a impulsé ce courant démocratique, surtout dans les pays africains francophones. Le Burundi n'a pas échappé à ce nouvel ordre mondial. En conséquence, sa démocratisation a encouragé les femmes à s'intégrer au gouvernement politique de leur pays. Ainsi, dans les années 1990, l'intégration stratégique[83] des femmes en politique a marqué l'agenda du gouvernement burundais. Cette intégration visait l'acceptation du Burundi sur la scène internationale, parce qu'il était dorénavant un pays démocratique. L'enjeu important derrière cette première intégration des femmes en politique burundaise était de promouvoir une *image positive* du Burundi sur la scène internationale[84].

---

[82] Rita Abrahamsen. *Disciplining Democracy: Development Discourse and Good Governance in Africa*, Londres/New York, Zed Books, 2000, p. 32-36.
[83] Je qualifie cette intégration de stratégique parce qu'elle a été faite pour répondre à la pression internationale qui demandait la démocratisation du Burundi. Elle ne provenait pas de la bonne volonté du gouvernement burundais,
ni de la demande de la population burundaise ; c'est plutôt la volonté internationale qui s'est imposée au Burundi.
[84] Bertini (2002 : 222) explique que les hommes politiques intègrent parfois des femmes à la gouverne pour projeter une image de responsables modernes. Je lie cette première intégration des femmes en politique au Burundi à la recherche d'une image positive du pays sur la scène internationale, parce qu'elle a été une réponse à la pression internationale.

En fait, la fin de la guerre froide a permis que se déploie, dans les années 1990, une pression internationale visant la démocratisation des pays considérés non démocratiques. Il s'agissait purement et simplement de démocratie forcée ou imposée, car la volonté politique extérieure occidentale a été imposée aux autorités nationales. Elle a entraîné un changement important dans certains pays africains, y compris le Rwanda et le Burundi. Dans ces deux pays, c'est au début des années 1990 que les premières manifestations de démocratisation ont commencé à s'exprimer, avec la naissance de plusieurs partis politiques.

Au Rwanda, le génocide de 1994 a été suivi par la prise du pouvoir par le président, Paul Kagame, qui est au pouvoir depuis 1994. Au Burundi, la démocratisation a mené le pays aux élections libres et transparentes de 1993. Cependant, l'assassinat du président démocratiquement élu a miné la continuité de cette démocratie, parce que cet acte a été suivi par une guerre civile sanglante qui a endeuillé le pays de 1993 à 2000.

7.2 Démocratie à court terme et guerre civile

Je rappelle qu'en juin 1993, le premier gouvernement démocratique a été élu et, pour la première fois dans l'histoire du Burundi, a été dirigé par un président *hutu*, Melchior Ndadaye[85]. Il a nommé une femme au poste de Première Ministre. Au parlement, 12,3% des sièges étaient occupés par des femmes[86]. C'était du jamais vu dans ce pays que des femmes occupent en nombre de tels postes de responsabilité. Malheureusement, au cours de la même année, soit après exactement 100 jours de pouvoir, ce président et plusieurs d'autres dignitaires ont été assassinés. Selon Brown et Kaiser (2007) et Vandeginste (2011), c'est dans ce contexte que la

---

[85] André Guichaoua. *Les crises politiques au Burundi et au Rwanda, 1993-1994 : analyses, faits et documents,* Paris, Karthala, 1995, p.80-84 ; Rosemarie Skaine, *Women Political Leaders in Africa,* North Carolina, McFarland & Company, Inc., 2008, p. 87.
[86] Sylvia Tamale. *When Hens Begin to Crow. Gender and Parliamentary Politics in Uganda*, Kampala, Fountain Publishers, 1999, p. 24.

guerre civile, qui a coûté la vie à presque 800 000 Burundais, a commencé.

Lors des massacres de 1965, 1969, 1972, 1988 et de 1991, les femmes ont constitué des victimes indirectes, parce que ce sont les hommes éduqués qui étaient d'abord visés. Bien que certaines femmes soient devenues veuves et sans enfants, elles n'ont pas subi de violences physiques. Pendant la période de guerre de 1993 à 2000, il y a eu « une forte croissance de violences sexuelles et physiques, particulièrement dirigées contre les femmes et les jeunes filles, y compris les jeunes enfants[87] ». Daley et *Action Aid International* expliquent que pendant la guerre civile de 1993, la violence faite aux femmes a pris plusieurs formes, dont notamment : une croissance du nombre des grossesses forcées, des problèmes et des déséquilibres physiques et mentaux des femmes et des filles, un manque d'estime de soi, l'interruption des études, des mariages forcés[88], etc.

Entre 1998 et 2000, le gouvernement du Burundi, des partis politiques et des leaders des groupes rebelles ont accepté de finir la guerre en s'asseyant autour d'une table de négociation, dont le résultat a été la signature des Accords de paix d'Arusha. Ces accords visaient la recherche de la paix et la reconstruction du pays.

---

[87] Programme des Nations Unies pour le développement (PNUD), *Halte aux violences basées sur le genre*,
http://www.bi.undp.org/gender/index.php?option=com_content&view=article&id=7:halte-aux-violences-basees-sur-le-genre-&catid=5:actualite&Itemid=9; consulté le 7 novembre 2011

[88] ActionAid International. *Her Stories, Leurs Histoires*, 2010, p. 45.
Disponible en ligne :
http://www.actionaid.org/sites/files/actionaid/her_stories_-_case_studies_from_actionaids_violence_against_women_project.pdf; consulté le 13 décembre 2013 ; Patricia Daley. *Gender & genocide in Burundi: the search for spaces of peace in the Great Lakes Region*, Bloomington, Indiana University Press, 2008, p. 125-128.

7.3 Accords de paix d'Arusha et les quotas

Le 28 août 2000, les partis politiques de deux ethnies en guerre, à savoir les *Hutus* et les *Tutsis*, se sont réunis en Tanzanie pour signer les accords de paix et la réconciliation du Burundi[89]. Dans les négociations de ces accords, un quota d'un minimum de 30% de femmes au parlement et au gouvernement a été adopté[90].

De plus, il a également été recommandé aux partis politiques d'avoir un minimum de 30% de femmes dans leurs organes dirigeants. Depuis lors, les femmes continuent de s'impliquer dans la reconstruction et le gouvernement du Burundi. En 2008, l'État burundais a créé le ministère des Droits de la personne humaine et du genre. Celui-ci avait, entre autres, pour mission de faire respecter les quotas réservés aux femmes burundaises dans toutes les institutions du pays, tel que l'exigent les Accords de paix d'Arusha.

---

[89] Patricia Daley. *Gender & genocide in Burundi: the search for spaces of peace in the Great Lakes Region*, Bloomington, Indiana University Press, 2008, p. 125 ; Alain Aimé Nyamitwe. *Démocratie et ethnicité au Burundi : essai sur des mots et des acteurs autour d'un enjeu de justice et de pouvoir, 1962-2005,*
Paris, Lethielleux, 2009, p. 148 ; Stef Vandeginste. « Le processus de justice transitionnelle au Burundi », *Droit et société*, 73(3), 2009(a), p. 591-611.

[90] Patricia Daley. *Gender & genocide in Burundi: the search for spaces of peace in the Great Lakes Region*, Bloomington, Indiana University Press, 2008, p. 268 ; Åshild Falch, *Women's Political Participation and Influence in Post-Conflict Burundi and Nepal*, 2010, p. 11.
Disponible en ligne :
http://www.peacewomen.org/assets/file/Resources/Academic/partpol_postconburundinepal_falch_2010.pdf; consulté le 13 décembre 2013 ; Ntahongendera, Sébastien, *La révolution burundaise « au féminin » payée en monnaie de singe,*
http://www.burunditransparence.org/la-revolution-burundaise-au-feminin.pdf; consulté le 13 décembre 2013 ; République du Burundi. *Constitution intérimaire post-transition de la République du Burundi,* 2005, p. 30 et 39.
Disponible en ligne :
http://www.wipo.int/wipolex/en/text.jsp?file_id=195947; consulté le 13 décembre 2013.

7.4 Volonté politique

J'ai mentionné dans les pages précédentes que la démocratisation du Burundi a encouragé l'intégration des femmes à la gouvernance de leur pays. Par contre, je dois rappeler qu'en réalité, « il n'existe pas de lien entre la démocratie et la présence des femmes en politique[91] ». L'exemple qui me vient à l'esprit est celui du Rwanda. Loin de satisfaire aux critères de la démocratie, en date du 1er novembre 2013, ce pays était pourtant celui dont le parlement est le plus féminisé au monde[92].

Pour ce qui est du gouvernement burundais, celui-ci manifeste une volonté soutenue d'impliquer les femmes à son pouvoir, et ce, depuis 1993. Par exemple, la participation des femmes à l'Assemblée nationale en 1993 était de 12,3%[93]. Entre 2001-2002, 19% des sièges à l'Assemblée nationale et 18,5% au Sénat étaient réservés aux femmes. Entre 2003-2004, les femmes ont occupé 20,4% des sièges à l'Assemblée nationale et 18,5% au Sénat. Un progrès remarquable a été réalisé en 2005, où 30,5% des sièges à l'Assemblée nationale ont été remportés par des femmes. La même année, les femmes ont occupé 32,6% des sièges au Sénat[94]. En 2010, la Constitution du Burundi a garanti aux femmes un minimum de 32,1 % des sièges au parlement (Union interparlementaire, Les femmes dans les parlements nationaux, classement mondial). En revanche, il est vrai que les institutions demeurent faibles au plan démocratique.

---

[91] Manon Tremblay. *100 questions sur les femmes et la politique*, Montréal, Éditions du Remue-ménage, 2008, p. 112.
[92] Union interparlementaire, *Les femmes dans les parlements nationaux, Classement mondial*, État de la situation au 1er novembre 2013, http://www.ipu.org/wmn-f/classif.htm; consulté le 13 décembre 2013.
[93] Observatoire de l'Action Gouvernementale, O.A.G. (2008). *Évaluation de la mise en application des mesures prises par le Gouvernement pour l'intégration de la femme dans les sphères de prise de décision*, 2008, p. 42.
 Disponible en ligne :
 http://www.oag.bi/IMG/pdf/Integration_de_la_femme_dans_les_spheres_de_prise_de_decision.pdf; consulté le 13 décembre 2013.
[94] Rosemarie Skaine, *Women Political Leaders in Africa*, North Carolina, McFarland & Company, Inc., 2008, p. 88.

Au niveau mondial, en avril 2011, le Burundi occupait le 22ème rang au palmarès de l'Union interparlementaire quant aux pourcentages de femmes au sein des parlements. La même année, ce pays occupait la septième place sur le continent africain, après le Rwanda (56,3%), l'Afrique du Sud (44,5%), le Mozambique (39,2%), l'Angola (38,6%), l'Ouganda (37,2%) et la République-Unie de Tanzanie (36%)[95].

Le tableau 2 montre le taux de participation des femmes au pouvoir exécutif au Burundi. Il s'agit bel et bien d'un progrès intéressant et admirable qu'il faut souligner. Par exemple, entre 2001-2003 et 2005, le taux de féminisation des gouverneur-e-s des provinces est allé de 0% à 23%, le taux de femmes ministres a augmenté de 15,3% à 35%, tandis que le pourcentage de femmes administratrices au niveau communal a augmenté de 1,5 % à 13,1%. Par contre, la présence des femmes a stagné dans certains postes, tels ceux de Directrices-eurs générales-aux, de Gouverneur-e-s de la Banque centrale et d'Administratrices-eurs directrices-eurs générales-aux.

---

[95] Union interparlementaire, *Les femmes dans les parlements nationaux, Classement mondial*, État de la situation au 1er novembre 2013, http://www.ipu.org/wmn-f/classif.htm; consulté le 13 décembre 2013.

Tableau 2
Évolution de l'intégration des femmes au niveau exécutif

Fonctions	% F en 2001 - 2003				% F en 2005			
	F	H	TOT	%F	F	H	TOT	%F
Administratrice-eur communal-e	2	127	129	1,5	17	112	129	13,1
Administratrice-eur / Directrice-eur général-e	0	7	7	0	0	7	7	0
Chef de cabinet	23	3	26	11,5	3	17	20	15
Directrice-eur général-e	4	44	48	8,3	4	44	48	8,3
Gouverneur-e de la Banque centrale	1	2	3	33,3	1	2	3	33,3
Gouverneur-e de province	0	17	17	0	4	13	17	23
Ministre	4	22	26	15,3	7	13	20	35

Source : Skaine, 2008 : 88.

CHAPITRE VIII
Représentation politique

La représentation politique réfère à la capacité des représentant-e-s de remplacer les représenté-e-s, voire de se substituer à elles-eux. Dans *The Concept of Representation*, Pitkin explique que « *[p]olitical representation is primarily a public, institutionalized arrangement involving many people and groups, and operating in the complex ways of large-scale social arrangements*[96] ». La représentation politique englobe l'idée de rendre visible ce qui est invisible, ou d'évoquer ce qui est absent.

Pitkin soutient que représenter quelqu'un-e ne veut pas nécessairement dire agir pour elle-lui. Cette dernière lecture de la représentation limite le concept de la représentation politique à l'incarnation et la présence (la représentation symbolique et la représentation descriptive) et non aux activités (la représentation substantielle). Ainsi, il est important de faire la différence entre différentes conceptions de la représentation, afin de mieux cerner de laquelle il est question dans cette réflexion.

8.1 Représentation symbolique

La représentation symbolique renvoie à la reproduction de signifiants (comme des images) symbolisant une personne ou une entité tierce. Cette représentation peut aussi consister en la substitution d'êtres humains par une autorité quelconque. Par exemple, quand il y a une réunion du groupe des huit puissances économiques, les leaders de ces pays y participent en tant que représentants de leurs pays respectifs. Pour la représentation du Canada, c'est le Premier ministre Stephen Harper qui symbolise la présence de ce pays à la réunion. Il participe aux débats et prend des décisions au nom des Canadien-ne-s. Pour ce qui est des symboles matériels, je peux donner l'exemple des drapeaux : un

---

[96] Hanna Fenichel Pitkin. *The Concept of Representation*, Berkeley, University of California Press, 1967, p. 323.

drapeau aux couleurs rouge, vert et blanc ayant une croix blanche et un disque comportant trois étoiles au milieu, dont l'une au-dessus des deux autres, symbolise le Burundi. Les couleurs rouge, blanc et vert signifient respectivement la lutte pour l'indépendance, la paix et l'espérance. Les trois étoiles sont la devise burundaise : unité, travail et progrès. Sans se déclarer représenter le Burundi, la personne qui porte ce drapeau dans une réunion quelconque est automatiquement considérée comme représentante de ce pays.

La lecture des symboles peut générer certaines dissonances. Par exemple, pour certains Burundais les trois étoiles symbolisent trois ethnies qui composent le peuple burundais (*Hutu*, *Tutsi* et *Twa*). Pour d'autres, l'étoile qui est au-dessus des deux autres symbolise la supériorité présumée de l'ethnie *tutsie* qui a dirigé le Burundi à partir du quinzième siècle jusqu'en 1993. Ainsi, bien qu'elles-ils détiennent la citoyenneté burundaise, celles et ceux qui ne s'identifient pas au drapeau ne se sentent pas représentés par lui. En conséquence, elles-ils proposent de changer ce drapeau[97]. Le drapeau du Burundi ne symbolise donc pas le Burundi pour toutes les Burundaises et tous les Burundais. Par ailleurs, ce drapeau est considéré comme un symbole du pays au niveau national et international. En somme, la lecture d'un symbole peut causer son acceptation ou son rejet. Aussi, l'attachement historique aux représentant-e-s symboliques permet cette acceptation ou ce rejet. Par exemple, la Reine du Canada est davantage acceptée par les Canadien-ne-s anglophones que par les Canadien-ne-s francophones.

Pitkin écrit que les représentant-e-s symboliques ne prennent pas nécessairement de décisions politiques et ne participent pas obligatoirement aux activités partisanes des partis politiques. Parmi ces personnages, il y a les reines et les rois, les diplomates, etc. Elle explique également que pour qu'un-e dirigeant-e soit la-le représentant-e politique, il faut que ses représenté-e-s croient en elle-lui. Il faut pour cela qu'elle-il ait gagné la confiance du peuple. Donc, par leur présence numérique, les politiciennes burundaises restent encore au niveau de la représentation descriptive,

---

[97] Sébastien Ntahongendera et Anicet Niyonkuru. *Memorandum du parti CDP en rapport avec l'impunité du génocide hutu depuis 1972,* (inédit), Anicet Leverkusen, Flyeralarm, 2009, p. 18-19.

symboliquement elles représentent aussi le peuple burundais dans son ensemble. Autrement dit, bien que la présence de femmes en politique ne se traduise pas encore par des actions en faveur de la majorité des femmes dans la société, les politiciennes burundaises restent des représentantes symboliques des Burundais-es. Après avoir expliqué la représentation symbolique, je passe maintenant à la représentation descriptive.

8.2 Représentation descriptive

La représentation descriptive renvoie « à l'augmentation du nombre d'élues visant à refléter plus exactement la composition bisexuée de l'électorat[98] ». Pour ce qui est des femmes en politique, la représentation descriptive se traduit par le nombre de celles-ci au parlement. Par exemple, la représentation descriptive des femmes au Burundi est de 32% des parlementaires. Contrairement à la représentation substantielle, la représentation descriptive se fait voir au parlement, mais ne se fait pas sentir dans la société. Autrement dit, dans la représentation descriptive, « *there is no room [...] for leadership, initiative, or creative action. The representative is not to give new opinions to his (sic) constituents, but to reflect those they already have; and whatever the legislature does with the nation's opinions once expressed is irrelevant to representation*[99] ». En effet, la représentation descriptive englobe le fait pour les représentant-e-s d'être présent-e-s pour les représenté-e-s (*standing for*) et non d'agir pour elles-eux (*acting for*).

Les analyses faites sur la question du nombre et de l'influence des femmes en politique décrivent le nombre des femmes en politique comme correspondant à la représentation descriptive, et lie l'influence à la représentation substantielle.

---

[98] Manda Green. « Safe space et représentation substantive : le cas des délégations aux droits des femmes et à l'égalité des chances », *Raisons politiques,* 15(3), 2004, p. 97-98.
[99] Hanna Fenichel Pitkin. *The Concept of Representation*, Berkeley, University of California Press, 1967, p. 90.

8.3 Représentation substantielle

La représentation substantielle (*acting for*) est liée aux idées, à la volonté et aux capacités des représentant-e-s d'entreprendre des actions. Ce sont plutôt les résultats provenant des actions des représentant-e-s qui comptent. En effet, cette représentation concerne les activités des représentant-e-s. Elle engendre des décisions visant à agir sur la société ; elle reflète mieux une compréhension de la représentation en vertu de laquelle les représentant-e-s s'engagent dans des initiatives destinées à changer les conditions de vie de la population.

Dans *Rethinking Women's Substantive Representation*, les auteures Celis, Childs, Kantola et Krook[100] soutiennent que les initiatives qui visent l'amélioration des conditions de vie des femmes sont débattues et entreprises à différents niveaux, au parlement, certes ; mais, aussi, à l'extérieur du parlement[101]. Elles ajoutent que les activités de représentation se font en interaction avec les gouvernements. Par exemple, la société civile, les mouvements de femmes et les organisations des droits de la personne encouragent les gouvernements à promouvoir les droits et les libertés des femmes. Ainsi, il ne faut pas penser que seules les femmes au parlement ont le pouvoir et la capacité d'encourager l'élaboration de politiques publiques favorables aux femmes. En d'autres termes, il ne faut pas voir dans les femmes parlementaires les seules représentantes des femmes dans une perspective substantielle.

En ce qui a trait à la représentation substantielle des femmes au Burundi, ce sont les actions visant à défendre et à promouvoir les droits des femmes et leur bien-être qui sont poursuivies. Ces actions peuvent être pratiquées par un petit nombre ou un grand nombre des représentant-e-s. Ainsi, en parlant de la question des femmes en politique, leur nombre ne doit pas nécessairement être

---

[100] Karen Celis, Sarah Childs, Johanna Kantola et Mona Lena Krook. « Rethinking Women's Substantive Representation », *Representation*, 44(2), 2008, p. 105.
[101] Voir aussi Laurel S. Weldon. « Beyond Bodies: Institutional Sources of Representation for Women in Democratic Policymaking », *Journal of Politics*, 64(4), 2002, p. 1153-1174.

élevé pour qu'elles représentent dans une perspective substantielle les femmes de la société[102].

8.4 Débats sur la représentation descriptive et la représentation substantielle

Comme je viens de le mentionner, la représentation descriptive n'engendre pas nécessairement la représentation substantielle. Autrement dit, il peut y avoir un nombre significatif de femmes au parlement sans qu'il y ait des politiques publiques favorables aux femmes, l'inverse pouvant aussi se reproduire.

De fait, il ne faut pas lier la représentation descriptive et la représentation substantielle pour deux raisons[103] :

La première raison est que les femmes ne forment pas un groupe homogène, surtout pas les femmes politiques qui sont placées sur les listes des candidat-e-s par leurs partis politiques comme au Burundi. Dans ce pays, « les partis politiques sont susceptibles de choisir les femmes loyales au parti plutôt que celles qui peuvent promouvoir la cause et les préoccupations des

---

[102] Sarah Childs et Julie Withey. «The Substantive Representation of Women: The Case of the Reduction of VAT on Sanitary Products», *Parliamentary Affairs*, 59(1), 2006, p. 10-23; Jocelyn Elise Crowley. « When Tokens Matter », *Legislative Studies Quarterly*, 29(1), 2004, p. 109-136 ; Linda Trimble. « A Few Good Women : Female Legislators in Alberta, 1972-1991 », dans Catherine A. Cavanaugh et Randi R. Warne (dir.), *Standing on New Ground: Women in Alberta*, Calgary, University of Alberta Press, 1993, p. 87-118.

[103] Voir, à ce sujet : Sarah Childs. « The Complicated Relationship between Sex, Gender and the Substantive Representation of Women », *European Journal of Women's Studies*, 13(1), 2006, p. 7-21; Paul Chaney. « Critical Mass, Deliberation and the Substantive Representation of Women : Evidence from the UK's Devolution Programme », *Political Studies*, 54(4), 2006, p. 691-714 ; Karen Celis. « Substantive Representation of Women. The Representation of Women's Interests and the Impact of Descriptive Representation in the Belgian Parliament (1900–1979) », *Journal of Women, Politics and Policy*, 28(2), 2006, p. 85-114 ; Karen Celis. « Studying Women's Substantive Representation in Legislatures: When Representative Acts, Contexts and Women's Interests Become Important », *Representation*, 44(2), 2008, p. 111-123.

femmes[104] », ce qui, il est vrai, n'est en rien spécifique au Burundi. Ainsi, venant de partis ayant des intérêts politiques différents les uns des autres, les femmes politiques burundaises ont tendance à présenter et à défendre en priorité les intérêts de leur parti. Ceci est un premier élément qui montre que les politiciennes burundaises sont hétérogènes, car elles sont divisées entre elles par leurs partis politiques[105]. Un autre élément qui contribue à la division des femmes politiques burundaises est l'ethnie. Les politiciennes burundaises sont séparées par le facteur ethnique, une variable à ne pas oublier quand on parle de la divergence des femmes au sein du parlement. Enfin, les localités et les classes sociales contribuent aussi à morceler les femmes politiques burundaises. Le rapport rédigé par l'Initiative pour le Progrès de la Femme dans la sous-région de l'Afrique Orientale (EASSI), en collaboration avec *International Alert,* sur la participation politique des femmes dans les pays sortant d'un conflit dans la région des Grands Lacs en Afrique, mentionne qu'il n'y a pas de communication entre les femmes à des postes de prise de pouvoir et les femmes paysannes[106]. En conséquence, il n'y a pas de soutien mutuel entre ces groupes de femmes. Or, comme je l'ai mentionné, 90% de la population est rurale et les femmes burundaises constituent 52% de la population. Ainsi, il n'y a qu'un pas pour conclure qu'une grande partie des intérêts et des besoins de la majorité des Burundaises n'est pas représentée par les femmes politiques.

---

[104] EASSI et International Alert. *Participation politique des femmes dans les pays sortant d'un conflit dans la région des Grands Lacs en Afrique,* 2007, p. 14.
Disponible en ligne :
http://www.international-alert.org/sites/default/files/publications/participation_politique_des_femmes_dans_les_pays_sortant_dun_conflit_GL.pdf; consulté le 13 décembre 2013.
[105] Cela est vrai aussi dans d'autres pays comme les États-Unis ; voir Jocelyn Jones Evans. *Women, Partisanship, and the Congress*, New York, Palgrave Macmillan, 2005, p. 161.
[106] EASSI et International Alert. *Participation politique des femmes dans les pays sortant d'un conflit dans la région des Grands Lacs en Afrique,* 2007, p. 14.
Disponible en ligne :
http://www.international-alert.org/sites/default/files/publications/participation_politique_des_femmes_dans_les_pays_sortant_dun_conflit_GL.pdf; consulté le 13 décembre 2013.

La deuxième raison qui plaide pour ne pas lier la représentation descriptive et la représentation substantielle est qu'une telle association engendre des attentes de changement rapide et efficace, qui peuvent ne pas se réaliser. Comme je l'ai mentionné dans les pages précédentes, les préjugés qui établissent ce qui est acceptable pour les femmes et ce qui ne l'est pas sont profondément inscrits dans la société burundaise. Étant donné que la vision et les mentalités de cette dernière sont dictées par la culture, ses valeurs et ses normes, il s'avère dès lors pratiquement impossible que surviennent rapidement des changements découlant de la simple présence de femmes en politique. En conséquence, cette représentation peut être jugée moins importante, par exemple parce qu'on oublie que la culture est un élément important qui permet ou qui bloque le changement dans la société, ou encore, parce qu'on oublie qu'il faut du temps et de l'expérience pour exercer une influence en politique, et ce, tant pour les femmes que pour les hommes. Aussi, en ignorant qu'il faut du temps à la population pour intégrer et mettre en pratique de nouvelles lois dans la société, on risque de surévaluer le potentiel de la représentation descriptive dans un contexte où, par ailleurs, le pouvoir législatif est doté de peu de moyens de toute façon.

Bref, bien que l'augmentation du nombre de femmes en politique n'implique pas nécessairement leur influence dans l'élaboration des politiques publiques, l'idée qu'un plus grand nombre de femmes en politique se traduira par des politiques publiques favorables aux femmes est omniprésente dans les travaux sur les femmes et la politique[107]. Cette idée s'ancre dans la notion de « masse critique ».

---

[107] Par exemple, voir Cindy Simon Rosenthal, (dir.) (2002). *Women Transforming Congress*, Norman, University of Oklahoma Press, 2002, p. 506 ; L. Swers, Michele. *The Difference Women Make. The Policy Impact of Women in Congress*, Chicago, University of Chicago Press, 2002, p. 194.

CHAPITRE IX
Masse critique

Selon Tremblay, « [l]a notion de masse critique s'inspire de la physique nucléaire : elle réfère à la quantité de matière nécessaire pour que s'enclenche une réaction en chaîne menant à un nouvel état irréversible[108] ». Cette notion est entrée en sciences politiques après la publication en 1988 de l'article de Dahlerup, « *From a Small to a Large Minority: Women in Scandinavian Politics* ». La recherche de Dahlerup s'est basée sur les études faites par Kanter (1977) relativement à l'influence que le nombre de personnes d'un groupe minoritaire peut exercer au sein d'une organisation. Kanter (1977) explique que dans une organisation, plus la proportion d'un groupe est importante, plus il se trouve en mesure d'influencer la culture, les normes et les valeurs de cette organisation. Green soutient qu'« un groupe qui est minoritaire dans une assemblée ne peut s'émanciper de la norme existante, ni agir différemment pour faire aboutir des projets spécifiques qu'à partir d'un certain seuil équivalent à un tiers[109] ». En d'autres termes, la représentation quantitative (ou descriptive) d'un groupe minoritaire dans une assemblée influencerait sa capacité d'agir (ou la représentation substantielle), en cela qu'il parviendrait à influencer l'élaboration de mesures en sa faveur.

Tremblay explique que Kanter (1977) dégage quatre différents groupes quant aux rapports numériques entre majorité et minorité. Le premier est dit uniforme ; les personnes sont homogènes, en cela qu'elles partagent les mêmes valeurs et normes. Dans le deuxième groupe, dit asymétrique, il y a un groupe numériquement majoritaire (plus ou moins 85%) qui impose sa culture et domine un autre groupe minoritaire (plus ou moins 15%). Le troisième

---

[108] Manon Tremblay. *100 questions sur les femmes et la politique,* Montréal, Éditions du Remue-ménage, 2008, p. 132.
[109] Manda Green. « Safe space et représentation substantive : le cas des délégations aux droits des femmes et à l'égalité des chances », *Raisons politiques,* 15(3), 2004, p. 98.

groupe, dit incliné, est composé de deux groupes dont l'un est majoritaire (autour de 65%) et l'autre est minoritaire (autour de 35%). Comparé au deuxième groupe, les rapports de pouvoir et de domination sont moins prononcés au sein du groupe incliné, puisque la culture, les valeurs et les normes de l'organisation sont plus hétérogènes. Le quatrième groupe est dit équilibré, en cela qu'il comporte une représentation égale de chaque groupe, soit 50-50%. Dans celui-ci, c'est la collaboration et la négociation qui prévalent.

La notion de masse critique présume que l'augmentation du nombre des femmes en politique va de pair avec l'augmentation de leurs capacités d'influence. Certaines auteures montrent les limites d'un tel raisonnement. Par exemple, dans « *The Story of the Theory of Critical Mass* », Dahlerup (2006) explique que ce n'est pas seulement le nombre qui permet l'influence, mais que plusieurs facteurs doivent entrer en jeu afin que le nombre se traduise en influence. Parmi ces facteurs, il y a l'évolution de la performance et de l'efficacité des politiciennes, l'autonomisation des politiciennes, les changements des réactions envers les politiciennes, etc. Ultimement, il importe aussi que l'institution législative soit compétitive ou démocratique.

De leur côté, Childs et Krook (2006) expliquent deux scénarios qui minent la logique de la masse critique. Le premier veut que l'augmentation du nombre des femmes au parlement puisse inciter les hommes parlementaires à créer des stratégies visant à exclure les femmes de toutes positions de prise de décision afin de perpétuer leur domination. Le second scénario veut que les femmes élues en grand nombre puissent ne pas adopter l'agenda politique qui favorise les femmes, en espérant que d'autres mouvements de femmes le fassent. Il s'agit de l'effet de diffusion de la responsabilité. Dans les deux scénarios évoqués par Childs et Krook (2006), la représentation des femmes reste plutôt descriptive que substantielle, car il n'y a pas d'activités des représentantes (l'influence) en faveur des représentées (les femmes).

En ajoutant la notion de masse critique à la question de l'intégration des femmes en politique au Burundi, je dirais que, théoriquement, le groupe incliné reflète le parlement de ce pays qui est composé de 32,1% de femmes. Pratiquement, en raison d'obstacles de nature socio-culturelle et de nature politico-ethnique qui seront analysés à la section 4, l'augmentation du nombre des politiciennes ne se traduit pas encore par leur influence sur la gouvernance du pays. Le cas du Burundi appuie l'explication de Dahlerup (2006) selon laquelle le nombre de politiciennes doit être renforcé par d'autres facteurs pour que celles-ci puissent influencer le processus d'élaboration des politiques publiques dans un sens qui soit favorable aux femmes de la société.

CHAPITRE X
Obstacles à l'influence des femmes en politique burundaise

Au Burundi, l'augmentation du nombre de femmes en politique s'est faite progressivement et sûrement. Néanmoins, les conditions de vie des femmes dans la société burundaise témoignent d'un écart entre le nombre de femmes en politique et leur capacité de promouvoir et de défendre les droits et les libertés des femmes, de satisfaire leurs besoins et de défendre leurs intérêts. Plusieurs limites expliquent la raison d'être de cet écart. Je classe ces obstacles en deux grandes catégories, à savoir : les obstacles de nature socio-culturelle et les obstacles de nature politico-ethnique.

10.1 Obstacles de nature socio-culturelle

Pour ce qui est des obstacles de nature socio-culturelle, il y a le faible niveau d'éducation scolaire et politique, la culture et les préjugés incarnés par la société burundaise et les obligations familiales de ces femmes politiques burundaises. Je commence par le faible niveau d'éducation.

10.1.1 Faible niveau d'éducation scolaire et politique

Comme le mentionne l'UNESCO, « l'éducation est un moyen de garantir l'égalité des chances entre les garçons et les filles[110] ». De plus, celle-ci constitue un droit fondamental de l'être humain :

---

[110] UNESCO, Bureau de l'information du public, *L'éducation des filles et des femmes*,
http://www.unesco.org/bpi/pdf/memobpi26_girlseducation_fr.pdf; consulté le 13 décembre 2013.

« chaque enfant y a droit. [l'éducation] est indispensable au développement des individus comme des sociétés et il (sic) aide à tracer la voie vers un avenir fructueux et productif[111] ». Pour les filles et les femmes, l'éducation leur permet de changer la *place* que les sociétés traditionnelles leur ont attribuée. Je peux dire qu'elle leur permet de sortir du domaine privé pour occuper aussi le public. Pourquoi pas !

L'éducation aide les femmes à prendre conscience de leurs droits et libertés, à s'intégrer sur le marché du travail, à mieux communiquer, à faire leurs propres choix, à élargir les connaissances, les compétences et les qualifications, à occuper des postes traditionnellement assignés aux hommes et à accroître leur autonomisation. À son tour, cette dernière favorise l'estime de soi et outille les femmes pour défendre leurs droits et libertés.

Malheureusement, « presque partout dans le monde, et depuis toujours, l'analphabétisme des femmes est supérieur à celui des hommes[112] ». Les filles constituent la majorité des 100 millions d'enfants privés d'accès à l'enseignement primaire. La plupart vit en Afrique sub-saharienne, en Asie du Sud-est et dans les États arabes. Dans certains pays comme le Mali, moins de 10% des filles terminent l'enseignement primaire. Au Bangladesh, au Pakistan, au Bénin et au Niger, le taux d'illettrisme des femmes est respectivement de 63%, 61%, 68% et 88%[113]. Selon le rapport du Bureau de l'information du public de l'UNESCO, « [e]n Afrique rurale, à peu près 70% des filles ne terminent pas le cycle primaire ». Néanmoins, certains pays font exception. Ainsi, au Kenya, en Tanzanie et au Ghana, 60% des filles terminent le niveau d'enseignement primaire. Aux Philippines, autour de 80% des filles fréquentent les écoles primaires[114].

Ces chiffres montrent que le taux d'intégration des filles en éducation est différent selon les pays. Plusieurs facteurs expliquent cette situation, et parmi ceux-ci, il y a surtout les conditions

---

[111] UNICEF, *Éducation de base et égalité des sexes,*
http://www.unicef.org/french/education/; consulté le 14 décembre 2013.
[112] Cyrille De Théus. *Quelques lignes tracées à la craie, le droit des femmes en 2000,* Courtry, La Rotonde, 2000, p. 177.
[113] Ibid., p. 176.
[114] Ibid., 177.

économiques et les valeurs culturelles. Pour les familles pauvres qui ne peuvent se permettre d'envoyer tous leurs enfants à l'école, elles choisissent de donner cette chance aux garçons, parce que culturellement ceux-ci sont formés pour être les pourvoyeurs. Au Cameroun par exemple, depuis la période de la colonisation, l'éducation des garçons était privilégiée par rapport à celle des filles[115].

Au Burundi, le taux d'alphabétisation des adultes était de 67% en 2009. Ce pays n'a pas échappé à la discrimination des filles en éducation. Cette discrimination prend ses racines dans les valeurs culturelles qui voient les filles comme des futures épouses et des futures mères, dont les rôles consistent en la maternité et le maternage : engendrer des enfants, veiller à leurs soins et être les gestionnaires des biens dans la maison. À ce facteur s'ajoute l'élément de la pauvreté qui, elle aussi, a contribué à la discrimination des filles dans les familles pauvres. En effet, en 2000, moins de 10% des filles finissaient le parcours de l'enseignement primaire[116]. Aussi, bien qu'à partir de 2005 l'éducation soit gratuite dans toutes les écoles primaires publiques du Burundi, les filles sont faiblement inscrites dans les écoles secondaires et supérieures de ce pays. En 2010, seulement 5,2 % de femmes âgées de 25 ans et plus ont atteint le secondaire[117].

Pour ce qui est de l'éducation supérieure, le gouvernement du Burundi reconnaît le retard des filles en ce domaine par rapport aux garçons. Le tableau 3 décrit la situation de 1996 à 2003 :

---

[115] Emmanuel Konde. *African Women and Politics. Knowledge, Gender, and Power in Male-Dominated Cameroon*, New York, The Edwin Mellen Press, 2005, p. 66-67, 70-71.
[116] Cyrille De Théus. *Quelques lignes tracées à la craie, le droit des femmes en 2000*, Courtry, La Rotonde, 2000, p. 177.
[117] Programme des Nations Unies pour le développement (PNUD), *Rapport sur le développement humain 2010*,
http://hdr.undp.org/en/media/HDR_2010_FR_Complete_reprint.pdf; consulté le 13 décembre 2013.

Tableau 3
Effectif de l'enseignement supérieur de 1996 à 2003

Année académique	Total étudiants	% Femmes
1996 – 1997	4404	28,5
1997 – 1998	1417	23,3
1998 - 1999	4393	29,0
1999 - 2000	4685	29,0
2000 – 2001	5973	26,9
2001 – 2002	6085	27,0
2002 – 2003	5571	24,6

Source : République du Burundi, Ministère de l'action sociale et de la promotion de la femme, 2004 : 17.

Pour le ministère de l'action sociale et de la promotion de la femme du Burundi, ce faible taux d'inscription des filles en enseignement supérieur est dû aux problèmes liés à la pauvreté des familles, qui force les parents à privilégier l'éducation des garçons plutôt que celle des filles. En sus de ce facteur s'ajoutent les obstacles socioculturels, notamment la croyance qui voit dans la scolarisation des filles *une perte de main d'œuvre du ménage*[118] pour la production dans les champs, croyance à laquelle adhère une grande partie de la population. L'absence de modèles pour les filles dans certaines régions, les préjugés dans les écoles, les tâches domestiques des filles qui ne leur laissent pas de temps pour s'adonner aux activités scolaires, les grossesses indésirables et la pauvreté du pays sont d'autres facteurs qui justifient la raison d'être du faible taux d'inscription des filles en enseignement supérieur[119].

---

[118] Les filles sont supposées rester à la maison, s'occuper de leurs frères et des membres de la famille, aider leurs mères aux travaux domestiques et dans les champs, etc. Ainsi, leur intégration en éducation est encore considérée comme étant une perte de main d'œuvre du ménage. Cette mentalité est surtout présente dans les milieux ruraux. Ceci confirme les idées de De Théus (2000 : 179) qui explique que les hommes voient les femmes comme « les gardiennes de l'univers domestique ».

[119] Programme des Nations Unies pour le développement (PNUD), *Rapport sur le développement humain 2010,*

Pour les pays africains, quand on parle de l'éducation des filles et des garçons, il faut garder à l'esprit que le cursus scolaire a été et reste encore spécifique selon le sexe, en cela que les garçons étaient - et sont encore - orientés vers l'administration, tandis que les filles étaient - et sont toujours - orientées vers les formations sociales[120]. Comme nous le savons, l'éducation est un des principaux atouts qui outillent les acteurs politiques pour faire face aux défis de la gouvernance des pays, parce qu'elle « donne accès au savoir, au savoir-faire et au savoir-être[121] ». Or, beaucoup de filles et de femmes burundaises n'ont pas eu la chance de faire des études. De plus, comme au Cameroun, l'orientation de l'éducation des filles au Burundi ne les préparait pas pour les postes de la gouverne. Elles étaient plutôt orientées vers les postes liés aux emplois sociaux, tels que l'enseignement primaire, les soins infirmiers, la couture, etc. En conséquence, même les femmes burundaises qui sont éduquées peuvent ne pas détenir tous les outils pour faire carrière en politique. Ainsi, il est possible que les femmes politiques ne soient pas sur un pied d'égalité avec leurs collègues masculins pour ce qui est de connaître le fonctionnement de l'État. En d'autres mots, elles n'ont pas l'éducation politique nécessaire à leurs rôles d'actrices politiques. En effet, la capacité de convaincre, issue de la confiance qu'on acquiert à travers cette éducation politique, n'est pas socialement valorisée chez les femmes burundaises. Donc, le faible niveau de ressources politiques est un obstacle qui rend difficile la participation active des femmes dans la prise de décision. C'est cette participation qui devrait faciliter leur influence dans le gouvernement du pays.

Le problème du faible niveau d'éducation scolaire et le manque de savoir politique chez les politiciennes burundaises rendent ces dernières incompétentes aux yeux de leurs collègues masculins.

---

http://hdr.undp.org/en/media/HDR_2010_FR_Complete_reprint.pdf; consulté le 13 décembre 2013.

[120] Emmanuel Konde. *African Women and Politics. Knowledge, Gender, and Power in Male-Dominated Cameroon,* New York, The Edwin Mellen Press, 2005, p. 66-67, 70-71.

[121] Rosette Nyamuyenzi. *La reconnaissance de l'égalité des genres,* 2008, p.6. http://www.institut-destree.eu/Documents/Chantiers/ID-EP-2008/ID-EP08_Rosette_Nyamuyenzi_Egalite_Genre_2008-03-08EP.pdf; consulté le 4 novembre 2011.

Par exemple, lors des négociations de paix d'Arusha, les représentants des partis politiques masculins ne voulaient pas que les femmes burundaises fassent partie de ces négociations[122]. Quand leur participation a été acceptée, elles n'ont obtenu que le statut d'observatrices. Le déficit des femmes politiques burundaises en matière d'éducation les empêche également de s'affirmer face aux hommes politiques, afin de les convaincre qu'elles sont capables d'agir au même titre qu'eux. En conséquence, elles sont moins en mesure de consacrer des ressources pour changer les conditions de vie des femmes. Cependant, ce manque d'activisme est aussi influencé par les valeurs culturelles qui prescrivent la soumission des femmes aux hommes.

10.1.2 Culture et préjugés de la société burundaise

L'augmentation de la représentation des femmes dans les parlements diminue l'inégalité et l'injustice en regard de la représentation des femmes[123]. En d'autres termes, l'augmentation du nombre de femmes au parlement contribue au respect des droits et des libertés de celles-ci, au même titre que les hommes. Cependant, la culture peut être une barrière à la lutte contre les inégalités entre les femmes et les hommes. Dans ce cas, les retombées positives de l'augmentation de la représentation des femmes en politique peuvent être limitées ou tarder à se réaliser.

La culture burundaise ne valorise pas la prise de parole par les femmes en public[124]. La question est donc de savoir comment les

---

[122] Åshild Falch, *Women's Political Participation and Influence in Post-Conflict Burundi and Nepal*, 2010, p. 17.
Disponible en ligne :
http://www.peacewomen.org/assets/file/Resources/Academic/partpol_postconburundinepal_falch_2010.pdf;
consulté le 13 décembre 2013.
[123] Mohamed M.A. Salih. *African Parliaments, Between Governance and Government*, New York, Palgrave Macmillan, 2005 p. 49.
[124] Åshild Falch, *Women's Political Participation and Influence in Post-Conflict Burundi and Nepal*, 2010, p. 20.
Disponible en ligne :

femmes peuvent exister en politique sans pouvoir parler en public. Manifestement, cette croyance limite l'influence des femmes en politique à deux niveaux.

Premièrement, si les femmes présentes au parlement n'ont pas de réels pouvoirs, elles ne peuvent réaliser les changements nécessaires afin de diminuer les inégalités entre les sexes. En conséquence, les femmes seront peut-être au parlement, mais les conditions de vie des femmes dans la société ne changeront pas pour autant. Ceci explique ce qui se passe présentement au Burundi. Malgré la présence de 32,1% de femmes au parlement, les filles sont encore forcées d'épouser des hommes dont elles ne veulent pas, elles sont moins visibles en enseignement secondaire et supérieur, elles sont toujours défavorisées dans les domaines successoraux en raison du droit coutumier qui les prive du droit à la propriété foncière, elles sont battues et la justice tolère cette pratique, etc.

Deuxièmement, cette croyance culturelle présente un obstacle au regard de la sensibilisation entre les femmes politiques et les femmes paysannes. Depuis les bas âges, j'ai souvent entendu que les femmes burundaises ne sont pas supposées prendre la parole en public. Celles qui le font sont mal vues dans la société, surtout dans les milieux ruraux. Comment alors les femmes politiques peuvent-elles sensibiliser les femmes paysannes en ce qui concerne leurs droits et libertés ? Comment les femmes politiques peuvent-elles aider les femmes paysannes à prendre conscience de leurs capacités d'occuper les postes traditionnellement réservés aux hommes ? Comment peuvent-elles mobiliser d'autres femmes pour qu'elles puissent s'impliquer dans la gouverne de leur pays, afin d'augmenter la représentation des femmes dans toutes les institutions du pays ? Je n'ai pas de réponses immédiates et faciles

---

http://www.peacewomen.org/assets/file/Resources/Academic/partpol_postconburundinepal_falch_2010.pdf;
consulté le 13 décembre 2013. ; Observatoire de l'Action Gouvernementale, O.A.G. (2008). *Évaluation de la mise en application des mesures prises par le Gouvernement pour l'intégration de la femme dans les sphères de*
prise de décision, 2008, p. 79.
Disponible en ligne :
http://www.oag.bi/IMG/pdf/Integration_de_la_femme_dans_les_spheres_de_prise_de_decision.pdf; consulté le 13 décembre 2013.

à ces questions, mais je pense que la première étape serait l'abolition de certaines pratiques coutumières. Je parle de l'abolition de ces lois, car c'est par celles-ci que se fondent les rapports sociaux de domination des hommes sur les femmes dans la société burundaise. La deuxième étape serait la promotion et la sensibilisation de l'égalité entre les sexes par les femmes et les hommes politiques, ensemble.

La culture joue un rôle fondamental en regard de la socialisation, tant au niveau individuel, familial que sociétal. Comme je l'ai déjà mentionné, la société burundaise véhicule plusieurs préjugés envers les femmes quant aux rôles qu'elles doivent, ou ne doivent pas jouer dans la société. En conséquence, d'un côté certaines femmes ne voient pas leur place dans le gouvernement de leur pays. De l'autre côté, « certains hommes politiques burundais ne se voient pas partager le pouvoir[125] » avec les femmes. Ces mentalités ont été renforcées par le dispositif de la division sexuelle du travail au sein de la société. Elles affaiblissent ainsi la portée d'un quota minimal de 30% de femmes au gouvernement, au parlement et dans les organes dirigeants des partis politiques. Premièrement, si les femmes ne se voient pas en politique, elles ne vont pas encourager leurs filles à avancer dans les études qui leur permettront d'occuper les postes de prise de décision. Deuxièmement, elles ne s'adapteront pas à la promotion de l'égalité entre les femmes et les hommes, car elles s'attribuent elles-mêmes la place de subordination dans la société. Troisièmement, les femmes qui sont dans le gouvernement n'auront pas de soutien de leurs consœurs. En conséquence, la politique restera l'affaire des hommes. Ou encore, les femmes entreront en politique, mais pour suivre les décisions de leurs homologues masculins. Dans ce cas, la représentation des femmes en politique se limitera au nombre et ne sera que théorique, car dans les faits elle ne se traduira jamais en influence. Ainsi, les capacités des femmes politiques burundaises de changer les

---

[125] Ellen Stansrud and Gorill Husby. Care Norway and International Peace Research Institute, Oslo (PRIO), *Resolution 1325: From Rhetoric to practice. A report on women's role in reconciliation processes in the Great Lakes in Africa*, 2005, p. 11.
http://www.grandslacs.net/doc/3925.pdf; consulté le 10 décembre 2010.

conditions de vie des femmes dans la société seront toujours tributaires de la bonne volonté de quelques hommes politiques conscients de la discrimination envers les femmes.

Comme je l'ai déjà expliqué, la tradition burundaise considère les hommes comme des chefs dans les sphères privée et publique et exige que les femmes les consultent pour tout acte ou toute décision à prendre[126]. Ceci signifie que les femmes intéressées par la politique ne peuvent s'investir sur la scène publique sans une autorisation préalable de leur mari. Cette mentalité est moins présente dans les villes que dans les milieux ruraux. Or, 90% de la population burundaise est rurale (Nations Unies, 2008 : 8) et les femmes constituent 52% de cette population[127]. En conséquence, les femmes sont plus visibles au niveau national, mais elles le sont moins dans les postes de prise de décision et de direction au niveau local, surtout en milieu rural. En fait, « pour tous les postes de responsabilité autres que Ministres, Députés et Sénateurs, le taux de participation des femmes est très faible et même nul à certains endroits[128] ».

Par ailleurs, les femmes burundaises sont aussi largement sous représentées dans les postes de direction et au sein des conseils d'administration des grandes entreprises publiques burundaises. Je suppose que cette absence est due au faible niveau d'éducation (comme je l'ai mentionné dans les pages précédentes, seulement 5,2% des femmes âgées de 25 ans et plus ont atteint le secondaire) et aux préjugés de la société burundaise envers les femmes[129].

---

[126] Rosette Nyamuyenzi. *La reconnaissance de l'égalité des genres,* 2008, p.2. http://www.institut-destree.eu/Documents/Chantiers/ID-EP-2008/ID-EP08_Rosette_Nyamuyenzi_Egalite_Genre_2008-03-08EP.pdf; consulté le 4 novembre 2011.
[127] Gregonie Ndoricimpa. « Les femmes burundaises se mobilisent pour la paix », *Le Renouveau Burundi,* 5904(décembre), 2003, p. 3.
[128] Observatoire de l'Action Gouvernementale, O.A.G. (2008). *Évaluation de la mise en application des mesures prises par le Gouvernement pour l'intégration de la femme dans les sphères de prise de décision,* 2008, p. 23.
Disponible en ligne : http://www.oag.bi/IMG/pdf/Integration_de_la_femme_dans_les_spheres_de_prise_de_decision.pdf; consulté le 13 décembre 2013
[129] Jean Bosco Nzosaba. *Intégration de la femme au niveau local,* 2009. http://www.oag.bi/spip.php?article839; consulté le 13 décembre 2013.

Le tableau 4 révèle la sous-représentation des femmes dans certains postes de prise de décision et de direction au niveau local. Contrairement au parlement et au gouvernement où il y a, respectivement, 32,1% et 43% de femmes, dans des postes décisionnels très importants les femmes sont faiblement représentées. Et pourtant c'est ici où se trouve le vrai pourvoir.

Tableau 4
Pourcentage de femmes dans certains postes de prise de décision entre 2008 et 2009

Postes	% de femmes
Responsables de la police	0
Président-e-s des conseils communaux	2
Conseillères-ers techniques	4
Chefs de collines	5
Agronomes communaux	5
Conseillères-ers principales-aux/Secrétaires générales-aux	6
Directrices-eurs des collèges	7
Monitrices-eurs agricoles	7
Chefs de zones	8
Administratrices-eurs	12
Vice – Président-e-s du Conseil Communal	16
Gouverneures-eurs/Maire-sses	18
Directrices-eurs d'écoles primaires	26

Source : COSOME, 2009 et O.A.G., 2008 : 50.

Avant de clore cette partie sur la culture et les préjugés de la société burundaise, il faut mentionner que même si les femmes politiques parvenaient à faire abolir les lois coutumières qui nient les droits des femmes, le chemin à parcourir reste encore très long. En effet, en plus des obstacles à l'intégration effective des femmes en politique burundaise que j'ai mentionnés, certaines femmes paysannes ne sont pas prêtes au changement. Plusieurs pensent toujours que l'égalité des droits et des libertés entre les femmes et les hommes peut causer des conflits d'abord au sein de la famille, et ensuite au niveau national[130]. La peur et la résistance au changement prennent leurs racines dans les valeurs culturelles burundaises qui disposent que les femmes et les hommes diffèrent et qu'ils ne peuvent assumer les mêmes obligations familiales et publiques.

10.1.3 Obligations familiales et manque de soutien de famille

Certain-e-s auteur-e-s expliquent que les obligations familiales font partie des facteurs qui limitent la carrière publique des femmes, notamment en politique[131]. Pour ce qui est des obligations familiales des femmes au Burundi, celles-ci font partie soit d'une classe moyenne, soit d'une élite de la société. Au Burundi, tout comme dans la plupart des pays africains, les familles faisant partie de ces classes aisées se permettent facilement d'avoir deux ou trois femmes et/ou hommes de ménage qui s'occupent des enfants et des tâches domestiques quotidiennes. En d'autres termes, bien que les femmes politiques burundaises restent responsables d'activités familiales (telles que le suivi de l'éducation des enfants, les soins de santé de ceux-ci, la distribution des tâches domestiques aux femmes et/ou hommes de ménage, etc.), le fardeau de ces obligations familiales sur les femmes politiques burundaises est différent de celui des femmes politiques des classes moyennes des pays occidentaux, parce que ces premières ont de l'aide domestique en permanence.

Néanmoins, il existe toujours des contraintes qui limitent la participation effective des femmes à la politique burundaise. Je vais diviser ces contraintes en deux catégories. La première est liée à la progéniture des femmes (épouses et mères). La deuxième est liée au manque d'équilibre entre les responsabilités familiales et le

---

[130] Rosette Nyamuyenzi, Rosette. *La reconnaissance de l'égalité des genres*, 2008, p. 5.
http://www.institut-destree.eu/Documents/Chantiers/ID-EP-2008/ID-EP08_Rosette_Nyamuyenzi_Egalite_Genre_2008-03-08EP.pdf; consulté le 4 novembre 2011.
[131] Manon Tremblay et Réjean Pelletier. *Que font-elles en politique?*, Sainte-Foy, Les Presses de l'Université Laval, 1995, p. 18-19.

travail dans les foyers et au manque de soutien familial des femmes politiques. Cette deuxième catégorie est étroitement liée à la première et aux préjugés qui associent l'identité des femmes à la gestion des affaires privées et domestiques.

Pour ce qui est de la première contrainte, plusieurs études montrent que la performance des femmes dans leur carrière est limitée par leur manque de disponibilité causé par les obligations familiales. Dans leur livre, *Que font-elles en politique ?*, Tremblay et Pelletier soulignent que « les femmes sont [...] plus susceptibles que les hommes de voir leur carrière politique affectée par leurs obligations familiales[132] ». Ces auteur-e-s expliquent que les obligations familiales empêchent les femmes politiques de consacrer plus de temps à leur carrière, surtout quand elles ont de jeunes enfants. Ces conditions changent quand leurs enfants deviennent adultes et indépendants, parce que le temps alloué aux soins de ceux-ci diminue. En conséquence, la disponibilité de ces femmes pour leur carrière augmente. Dans la même ligne de pensée, Esplen explique que les femmes attribuent plus de temps aux tâches domestiques et aux soins des enfants que les hommes[133]. Dans *Gender and Care: Overview Report,* cette auteure montre qu'en Italie par exemple, les femmes passent quatre heures et deux minutes par jour dans la cuisine, le ménage, la vaisselle et autres tâches ménagères, tandis que les hommes y passent trente et une minutes. Au Mexique, les femmes consacrent quatre heures et quarante-trois minutes par jour à ces tâches, tandis que les hommes y passent trente-neuf minutes. En Afrique du Sud, ce sont trois heures et six minutes par jour pour les femmes et une heure pour les hommes qui sont consacrées à ces tâches. À Madagascar, les femmes passent deux heures par jour aux tâches domestiques, tandis que les hommes y consacrent dix-sept minutes. Ceci confirme l'observation de Coronel, Moreno et Carrasco (2010) suivant laquelle les femmes ont tendance à associer leurs identités sociales aux rôles familiaux. De son côté, Jensen explique que «

---

[132] Manon Tremblay et Réjean Pelletier. *Que font-elles en politique?*, Sainte-Foy, Les Presses de l'Université Laval, 1995, p. 18-19.
[133] Esplen, 2009 : 6. Emily Esplen. *Gender and Care: Overview Report,* 2009, p. 83.
http://www.bridge.ids.ac.uk/reports/CEP_Care_OR.pdf; consulté le 14 décembre 2013.

[i]n running for public office, women face challenges that their male counterparts do not encounter. Since women have traditionally been expected to nurture and care for their families, those who seek public office must establish that they are meeting these responsibilities [...][134] ».

Toutes ces observations faites par les chercheur-e-s en ce qui concerne les obstacles que posent les obligations familiales aux carrières professionnelles des femmes n'excluent pas la situation des femmes burundaises. Au contraire, bien qu'elles aient des femmes et/ou des hommes de ménage, la conciliation carrière-famille n'est pas facile pour les politiciennes burundaises. Il y a toujours des tâches que celles-ci doivent faire, telles qu'aider leurs enfants en bas âge dans leurs travaux scolaires, les accompagner à l'hôpital en cas de besoin, assigner les tâches domestiques quotidiennes aux femmes et/ou hommes de ménage, surveiller que tout soit en ordre à la fin de la journée et le matin avant de quitter la maison, etc. En plus, les obligations sociales (telles que l'organisation des fêtes, les travaux communautaires, etc.) diminuent leur disponibilité pour leur carrière. Or, comme nous le savons, les représentant-e-s de la population doivent rester au courant de ce qui se passe dans la vie de celles et ceux qu'elles-ils représentent. Ces représentant-e-s ont besoin de temps à allouer à leur électorat et au traitement des problèmes de celui-ci, en dehors de leur temps de travail de bureau. Il convient de rappeler que « pour faire de la politique, il faut sortir de chez soi[135] ». Néanmoins, les obligations familiales des politiciennes ne leur laissent pas suffisamment de temps pour s'impliquer dans les activités de la sphère publique.

Les problèmes liés à la maternité constituent aussi une barrière à l'investissement des femmes en politique burundaise. Bien que le Code du travail offre un congé de maternité d'une période de trois mois « pouvant être prolongée jusqu'à 14 semaines, dont six

---

[134] Jane S. Jensen. *Women political leaders: Breaking the highest glass ceiling*, New York, Palgrave Macmillan, 2008, p. 155.
[135] Cyrille De Théus. *Quelques lignes tracées à la craie, le droit des femmes en 2000*, Courtry, La Rotonde, 2000, p. 221.

doivent être prises obligatoirement après l'accouchement[136] », les absences liées à la maternité « peuvent être un frein à la promotion de la femme au poste de responsabilité[137] » au Burundi. De plus, ces absences jouent contre la participation effective des femmes en politique, parce qu'elles limitent leurs capacités à rester actives et en contact avec le peuple.

Pour ce qui est de la deuxième contrainte liée au manque d'équilibre entre les responsabilités familiales et l'insuffisance du soutien domestique des femmes politiques, certaines études démontrent que le déséquilibre entre les responsabilités familiales et celles du travail pose des problèmes dans beaucoup de foyers[138]. Par exemple, quand la femme et son mari travaillent, les deux arrivent à la maison fatigués. Normalement, ils doivent partager les tâches domestiques. Si tel n'est pas le cas, c'est la femme qui doit s'occuper de presque toutes les tâches liées à la cuisine, au lavage, à la vaisselle, etc. En conséquence, les disputes commencent et déstabilisent ainsi les relations de famille. Au contraire, si un homme comprend bien que sa conjointe doit s'intégrer dans les activités de la sphère publique, il l'aide à faire les tâches domestiques. Dans ce cas, il y a un équilibre entre les responsabilités de famille et celles du travail. Un autre déséquilibre est causé par le fait de rentrer tard : certains hommes ne tolèrent pas que leurs conjointes rentrent tard ou passent beaucoup de

---

[136] République du Burundi. *Code du travail, Décret loi n°1-037 du 07 juillet 93*, 1993, p. 39
Disponible en ligne :
http://www.droit-afrique.com/images/textes/Burundi/Burundi%20-%20Code%20travail.pdf; consulté le 4 novembre 2011.

[137] Observatoire de l'Action Gouvernementale, O.A.G. (2008). *Évaluation de la mise en application des mesures prises par le Gouvernement pour l'intégration de la femme dans les sphères de prise de décision*, 2008, p. 80.
Disponible en ligne :
http://www.oag.bi/IMG/pdf/Integration_de_la_femme_dans_les_spheres_de_prise_de_decision.pdf; consulté le 13 décembre 2013.

[138] David Maume, Rachel Sebastian et Anthony Bardo. « Gender, Work-Family Responsibilities, and Sleep », *Gender & Society*, 24(6), 2010, p. 746-768 ; Krista Lynn Minnotte, Michael C. Minnotte, Daphne E Pedersen, Susan E. Mannon et Gary Kiger. « His and Her Perspectives: Gender Ideology, Work-to-Family Conflict, and Marital Satisfaction », *Women's Studies International*, 63(5/6), 2010, p. 425-438.

temps à l'extérieur du foyer. Si cela convient pour eux, tel n'est pas le cas pour les femmes.

Pour le cas du Burundi, le manque d'équilibre provient en grande partie de la tradition burundaise susmentionnée qui assigne aux femmes les rôles de gestion des affaires domestiques et non des biens publics. Or, la carrière en politique exige de longues heures de travail, des sorties et des rencontres qui font que les politiciennes et les politiciens restent longtemps en dehors de leur foyer. Si les hommes considéraient que leurs conjointes ont le droit de sortir et de participer au gouvernement de leur pays, ils devraient aussi s'adapter au changement dans la gestion des affaires de la maison en acceptant de partager les tâches domestiques avec leurs femmes. Ce partage de responsabilités peut faciliter l'équilibre au sein du foyer. En conséquence, les femmes seraient soutenues par leurs époux et seraient plus disponibles pour une carrière en politique. Pour le moment, ceci n'est pas le cas au Burundi.

Le document d'évaluation faite par l'Observatoire de l'Action Gouvernementale sur la mise en application des mesures prises par le gouvernement burundais pour l'intégration des femmes dans les sphères de prise de décision dans ce pays indique que « certains hommes mariés à des femmes ayant des postes de responsabilité ne les épaulent pas et ne les soutiennent pas suffisamment par une répartition équitable des tâches au sein du ménage[139] ». Ces hommes ne parviennent pas à s'adapter au changement au sein du foyer quand leurs épouses s'absentent beaucoup de la maison. En conséquence, ceci « empêche les femmes de servir leur pays et l'humanité dans toute la mesure de leurs possibilités et capacités[140] ».

En fait, la peur du changement peut justifier ce manque de soutien. L'inquiétude des hommes qui voient leurs épouses devenir

---

[139] Observatoire de l'Action Gouvernementale, O.A.G. (2008). *Évaluation de la mise en application des mesures prises par le Gouvernement pour l'intégration de la femme dans les sphères de prise de décision,* 2008, p. 81.
Disponible en ligne : http://www.oag.bi/IMG/pdf/Integration_de_la_femme_dans_les_spheres_de_prise_de_decision.pdf; consulté le 13 décembre 2013.
[140] Ibid., p. 29

de plus en plus indépendantes et capables de prendre des décisions pour elles-mêmes et par elles-mêmes fait également partie des raisons d'être de ce manque d'appui.

Après avoir exploré les obstacles de nature socio-culturelle à l'intégration des femmes en politique burundaise, je passe maintenant aux obstacles de nature politico-ethnique qui interfèrent avec les premiers.

10.2 Obstacles de nature politico-ethnique

Dans les pages précédentes, j'ai examiné certains des obstacles de nature socio-culturelle qui empêchent les femmes politiques burundaises de défendre et de promouvoir les droits, les libertés, les besoins et les intérêts des femmes burundaises. À ces obstacles s'ajoutent ceux de nature politico-ethnique, que j'ai divisés en deux catégories. La première couvre le système électoral et les partis politiques, et la deuxième concerne les problèmes ethniques.

10.2.1 Système électoral et partis politiques

Il existe deux grandes familles de systèmes électoraux au niveau mondial, soit le mode de scrutin majoritaire et le mode de scrutin proportionnel, « ainsi que leurs différentes ramifications[141] ». Ce premier mode peut être uninominal ou plus rarement plurinominal. Dans leur livre intitulé *Les systèmes électoraux*, Cotteret et Emeri expliquent que dans le système majoritaire, l'élue est la-le candidat-e qui obtient le plus de votes à la suite d'un ou deux tours de scrutin. Dans la représentation proportionnelle, le système attribue à chaque parti ou à chaque groupement d'opinions un nombre de sièges proportionnel à son poids électoral[142]. Les

---

[141] Saad Abdo. « Le système électoral majoritaire freine l'avancée démocratique », *Confluences Méditerranée*, 56(1), 2006, p. 109-114.
[142] Jean Marie Cotteret et Claude Emeri. *Les systèmes électoraux,* Paris, Presses universitaires de France, 1970,
p. 56 ; Cools, Marc. *La politique : pourquoi et comment ?*, Bruxelles, Racine, 2009, p. 80.

électrices-eurs choisissent leurs représentant-e-s par le truchement d'une liste de candidat-e-s fournie par les partis politiques.

Pour ce qui est de l'importance des modes de scrutin, ils permettent de « déterminer sur quelles bases seront pourvus les sièges en compétition au cours d'élections[143] ». L'École citoyenne (2004) explique qu'ils permettent également de traduire la volonté de la population en sièges au parlement. Ils influencent aussi notre façon de « vivre la démocratie, d'être gouverné et de choisir nos représentants ».

Chacun des modes de scrutin mentionnés a ses avantages et ses inconvénients. Le mode de scrutin majoritaire a pour souci premier de dégager des gouvernements majoritaires, tandis que le mode de scrutin proportionnel reflète le plus fidèlement possible la volonté de l'électorat. Ce dernier favorise une meilleure représentation de la population, les femmes ainsi que les hommes et les valeurs de la société. Par contre, « aucun système électoral n'est parfait [...] le mode adopté doit tenir compte des réalités du pays[144] ».

Dans *International Encyclopedia of Elections*, Norris (2000) mentionne que deux facteurs importants influencent l'intégration des femmes en politique. Il s'agit de la formule électorale et des mesures d'action positive. Pour ce qui est de la formule électorale, l'auteure soutient qu'avec son système de listes de candidat-e-s, le système proportionnel facilite l'entrée des femmes en politique dans les pays démocratiques et stables. Elle explique que les partis politiques cherchent un éventail diversifié de candidat-e-s en incluant le plus possible les groupes minoritaires et les femmes. En comparant le système majoritaire et le système proportionnel, l'auteure explique que là où ce dernier est utilisé, il permet d'élire plus de femmes que dans les pays qui utilisent un mode de scrutin majoritaire : « *[...] women proved twice as likely to be elected under proportional representation than under majoritarian*

---

[143] Eugène Nindorera et François Nyamoya. *Conférence-débat sur le système électoral au Burundi*, 2004. http://repositories.lib.utexas.edu/bitstream/handle/2152/5950/3204.pdf?sequence= 1; consulté le 20 octobre 2011.
[144] Ibid.

electoral systems[145] ». Pour ce qui est des mesures d'action positive, l'auteure explique que l'introduction du système des quotas est une autre forme de discrimination positive qui facilite l'inclusion des femmes et d'autres groupes sous-représentés dans la gouvernance du pays et au sein des organes dirigeants des partis politiques.

Le Burundi a adopté le mode de scrutin proportionnel. Ce mode est décrit par Cotteret et Emeri comme étant le mécanisme politique le plus juste et honnête, parce que le nombre (et la proportion) de député-e-s attribué à chaque parti est proportionnel au pourcentage des votes qu'il a obtenu de l'électorat[146]. La République du Burundi répartit « les sièges proportionnellement au nombre de suffrages recueillis par chaque liste, une fois écartées des listes ayant obtenu moins de 2 % des voix à l'échelon national et des listes des indépendants qui n'ont pas obtenu 20% au niveau de la circonscription[147] ». Comme les sièges sont répartis entre les partis politiques, ces derniers doivent les attribuer à leurs candidat-e-s selon l'ordre de leur présentation sur les listes qui sont fermées.

Les deux mesures traitées par Norris (2000) comme étant des mécanismes importants qui facilitent l'intégration des femmes en politique sont appliquées par la République du Burundi. Cependant, il est possible de se poser la question suivante : si le Burundi détient un système électoral proportionnel et exige un quota minimal de 30% de sièges aux femmes au parlement, au gouvernement et dans les organes dirigeants des partis politiques, qu'est-ce qui explique l'écart entre le nombre de femmes en politique et leur influence sur la gestion des affaires publiques ? Certains obstacles de nature socio-culturelle ont été mentionnés

---

[145] Pippa Norris. « Women: Representation and Electoral Systems » dans Richard Rose (dir.), *The International Encyclopedia of Elections*, Washington (DC), CQ Press, 2000, p. 349.
[146] Jean Marie Cotteret et Claude Emeri. *Les systèmes électoraux,* Paris, Presses universitaires de France, 1970, p. 70-71.
[147] Union interparlementaire, Burundi Inama Nshingamateka, Assemblée nationale, Système électoral ; dans la même perspective voir Nindorera et Nyamoya, 2004. Nindorera et Nyamoya, 2004. Eugène Nindorera et François Nyamoya. *Conférence-débat sur le système électoral au Burundi,* 2004. http://repositories.lib.utexas.edu/bitstream/handle/2152/5950/3204.pdf?sequence= 1; consulté le 20 octobre 2011.

dans les pages précédentes. Je vais cette fois-ci aborder les barrières de nature politique, notamment au sein des organes dirigeants des partis.

Les partis politiques sont « des organisations visant à mobiliser des individus dans une action collective menée contre d'autres, pareillement mobilisés, afin d'accéder, seuls ou en coalition, à l'exercice des fonctions de gouvernement. Cette action collective et cette prétention à conduire la marche des affaires publiques sont justifiées par une conception particulière de l'intérêt général[148] ». Cools (2009) explique que ces organisations jouent des rôles importants dans la démocratie et que cette dernière ne peut exister sans la présence de plusieurs partis politiques en compétition pour le contrôle du pouvoir d'État.

Le rôle d'un parti politique est « d'organiser l'action collective de ses membres en vue de faire prévaloir le programme politique qui est le sien. Ce programme est la traduction dans l'actualité des grands objectifs de sa doctrine[149] ». C'est à travers les campagnes électorales que les partis politiques parviennent à faire valoir leurs points de vue auprès de l'électorat qui, ultimement, tranchera par son vote. En bref, je dirais que les partis politiques sont des organisations politiques qui regroupent des personnes ayant les mêmes valeurs, afin d'exercer le pouvoir d'État et de diriger le gouvernement.

Au Burundi, il y a « quarante-quatre partis politiques officiellement reconnus, fonctionnant plus ou moins régulièrement sur l'ensemble ou une partie du territoire[150] ». Ceux qui sont les plus populaires sont le Conseil national pour la défense de la démocratie-Forces de défense de la démocratie (CNDD-FDD). Il y

---

[148] Seiler dans Sandrine Marcilloux-Giummarra. « Droit constitutionnel et vie politique. Le financement des partis politiques », *Revue française de droit constitutionnel*, 85(1), 2011, p. 163-174.

[149] Cools, Marc. *La politique : pourquoi et comment ?*, Bruxelles, Racine, 2009, p. 79.

[150] Observatoire de l'Action Gouvernementale, O.A.G. *Analyse contextuelle sur la participation de la femme dans les organes dirigeants des partis politiques à la veille des élections 2010*, 2010, p. 14.
Disponible en ligne : http://www.oag.bi/IMG/pdf/Participation_de_la_femme_dans_les_organes_dirige ants_des_partis_rapport_finalA5.pdf; consulté le 16 décembre 2013.

a ensuite le parti fondé par son excellence Melchior Ndadaye, le premier président *hutu* élu et assassiné en 1993. Ce parti s'appelle le Front pour la démocratie au Burundi (FRODEBU). Quatre présidents issus de ce parti n'ont pas régné longtemps[151]. Le parti Forces nationales de libération (FNL), dirigé par Monsieur Agathon Rwasa, fut en même temps un mouvement de rébellion *hutu* au même titre que le CNDD-FDD. Le Parti Monarchique Parlementaire (PMP), dirigé par Monsieur Guillaume Ruzoviyo, est un autre parti peu populaire. Il y a aussi l'Union pour le progrès national (UPRONA), un parti majoritairement *tutsi*. Il a détenu le pouvoir depuis l'indépendance (1962) jusqu'à la période de la démocratisation du Burundi en 1993. L'Alliance Démocratique pour le Renouveau (ADR) est un parti dirigé par une femme, Mme Alice Nzomukunda. Elle est l'ancienne vice-présidente de la République et fut aussi vice-présidente de l'Assemblée nationale. La direction de son parti est majoritairement assumée par des femmes[152]. Notons que dans tous ces partis politiques, seulement un est dirigé par une femme. Ce parti est également le premier à avoir plus de la moitié de femmes au sein de son comité exécutif.

En fait, l'article 78 de la Constitution burundaise précise que « les partis politiques doivent être ouverts à tous les Burundais (sic) et leur caractère national doit également être reflété au niveau de leur direction. Ils ne peuvent pas prôner la violence, l'exclusion et la haine sous toutes ses formes, notamment celles basées sur l'appartenance ethnique, régionale, religieuse ou du genre[153] ».

---

[151] Le premier est son excellence Melchior Ndadaye (juillet-octobre 1993), le deuxième est son excellence Cyprien Ntaryamira (février-avril 1994), le troisième est son excellence Sylvestre Ntibantunganya (1994-1995) et le quatrième et dernier est son excellence Domitien Ndayizeye (2003-2005).
[152] Observatoire de l'Action Gouvernementale, O.A.G. *Analyse contextuelle sur la participation de la femme dans les organes dirigeants des partis politiques à la veille des élections 2010*, 2010, p. 20.
Disponible en ligne :
http://www.oag.bi/IMG/pdf/Participation_de_la_femme_dans_les_organes_dirigeants_des_partis_rapport_finalA5.pdf; consulté le 16 décembre 2013.
[153] Observatoire de l'Action Gouvernementale, O.A.G. *Analyse contextuelle sur la participation de la femme dans les organes dirigeants des partis politiques à la veille des élections 2010*, 2010, p. 17.

Ceci n'est que la théorie, car dans les faits, tous les partis politiques burundais sont formés sur une base ethnique. Ainsi, j'ai déjà mentionné que deux des partis avaient formé leurs groupes armés rebelles *hutus*, le CNDD-FDD et le FNL. Il y a aussi l'UPRONA, un parti majoritairement *tutsi* ayant dirigé le pays avec un groupe militaire monolithique *tutsi*, qui a privé les *Hutus* et les *Twas* de leurs droits et libertés pendant plus de trois décennies.

L'article 33 de la loi burundaise encadre également le fonctionnement des partis politiques. Il indique que les organes dirigeants des partis ne peuvent pas être constitués par plus de trois quarts des membres du même genre et d'une même ethnie. L'article 34 de la même loi encourage « les partis politiques à s'engager par écrit à s'inscrire contre toute idéologie visant à encourager la haine et la discrimination basées entre autres sur le genre[154] ». Ceci veut dire qu'en théorie, le cadre légal de la participation des femmes dans les organes dirigeants des partis politiques ne proscrit pas, voire encourage, l'implication effective de celles-ci. Cependant, l'État n'a pas le droit de s'ingérer dans la gestion des affaires internes des partis politiques, sauf en cas de problèmes majeurs mettant en danger la sécurité publique. Ce manque d'ingérence laisse le libre choix aux partis politiques d'impliquer ou non les femmes au sein de leurs organes dirigeants selon leur bonne volonté, ou encore de les impliquer dans un but strictement électoraliste, soit d'attirer l'électorat féminin. Le tableau 5 montre que les femmes restent largement minoritaires dans les partis politiques les plus populaires du Burundi, sauf pour ce qui est de l'Alliance Démocratique pour le Renouveau (ADR) qui est dirigée par une femme. Or, c'est à travers les partis politiques que les femmes entrent en politique.

Le tableau 5 montre que la loi de l'intégration d'un minimum de 30% de femmes dans les institutions publiques n'est pas respectée par la majorité des partis politiques, incluant le parti au pouvoir depuis 2005, le CNDD-FDD. Le rapport fait par

---

Disponible en ligne :
http://www.oag.bi/IMG/pdf/Participation_de_la_femme_dans_les_organes_dirigeants_des_partis_rapport_finalA5.pdf; consulté le 16 décembre 2013.
[154] Ibid. p. 19.

l'Observatoire de l'Action Gouvernementale explique que « la plupart des partis s'accommodent de la nomination de la femme comme adjointe à un homme qui exerce la prééminence de la fonction, ou alors créent des Ligues des femmes : sorte de vitrine du parti en matière d'intégration et de la promotion de la femme, à cheval entre un ghetto destiné à accueillir les femmes les plus actives et une plateforme d'élaboration des propositions et de captation de l'électorat féminin[155] ». Il convient de rappeler que le Burundi adopte le mode de scrutin proportionnel qui est supposé faciliter l'inclusion des femmes en politique. Mais encore faut-il, pour cela, que les partis politiques collaborent à la réalisation de cette finalité. Rappelons également que 52% de la population burundaise est constituée de femmes.

---

[155] Ibid. p. 32.

Tableau 5

Représentation des femmes dans les instances dirigeantes de certains partis

Partis	Comité exécutif ou Comité central			
	Femmes	Hommes	Total	% Femmes
ABASA	50	200	250	20
ADR	7	6	13	54
CNDD-FDD	3	10	13	23
FNL	1	10	11	9
FRODEBU	3	16	19	16
MRC	8	12	20	40
PARENA	5	128	135	5
UPRONA	150	408	558	27

Source : O.A.G., 2010 : 30.

Dans son livre *100 questions sur les femmes et la politique*, Tremblay (2008 : 82-85) explique que les partis politiques jouent un rôle déterminant en ce qui concerne la proportion des femmes dans les parlements. Bien que les listes fermées du mode de scrutin proportionnel favorisent l'inclusion des femmes en politique pour plusieurs raisons, certains obstacles peuvent limiter le nombre de celles-ci en politique. Cette auteure regroupe ces obstacles en trois catégories. D'abord, elle considère que le nombre moins élevé de sièges à combler au parlement peut défavoriser l'intégration des femmes dans les partis politiques, parce que plus la compétition pour combler les sièges est forte, moins les femmes sont favorisées. Par ailleurs, la proportion de femmes dans certains parlements constitués de peu de sièges, comme en Écosse, fait mentir ce raisonnement. Ensuite, le nombre de sièges dont hérite chaque parti politique dans un district peut limiter le nombre de femmes élues, parce que celles-ci se trouvent souvent à occuper les dernières positions sur la liste des candidat-e-s. Enfin, le manque de pression des groupes de femmes fait que les partis politiques n'incluent pas les femmes sur leurs listes de candidat-e-s. Si, par exemple, les femmes mettaient de la pression sur les partis politiques afin qu'ils les intègrent à leurs organes dirigeants, les partis remarqueraient l'intérêt manifesté par ces femmes et n'auraient d'autre choix que de les inclure dans leurs directions. À ce dernier facteur s'ajoute le manque de compétition entre les partis politiques quant à l'intégration des femmes dans leurs rangs. En d'autres termes, l'absence d'un effet de contagion a pour conséquence que les partis politiques ne sentent pas la nécessité d'intégrer un grand nombre de femmes au sein de leurs organes dirigeants.

Matland et Studlar expliquent que « *contagion is a process by which one party in a multiparty system, stimulates other parties to adopt their policies or strategies*[156] ». Ces auteurs expliquent comment certains partis politiques modifient leurs stratégies ou réorientent leurs lignes directrices afin de s'adapter aux stratégies et/ou aux lignes directrices d'autres partis qu'ils considèrent

---

[156] Richard E. Matland et Donley T. Studlar. « The Contagion of Women Candidates in Single-Member District and Proportional Representation Electoral Systems: Canada and Norway », *Journal of Politics*, 58(3), 1996, p. 708.

comme leurs rivaux. Pour avoir la confiance de l'électorat visé, les partis en compétition peuvent recourir, par exemple, à l'inclusion d'un grand nombre de femmes et de minorités visibles comme stratégies. En général, les effets de contagion sont plus visibles dans les pays qui ont adopté le mode de scrutin proportionnel à cause du système de listes des candidat-e-s. En présentant une liste diversifiée de candidat-e-s, les partis ont plus de chances de gagner des votes, comparativement à leurs adversaires présentant des listes monolithiques.

Pour ce qui est des femmes en politique au Burundi, un exemple d'effet de contagion est qu'un parti intègre un grand nombre de femmes au sein de ses instances dirigeantes en réponse à d'autres partis qui auraient déjà adopté cette mesure. Or, comme je l'ai montré plus tôt, il n'y a aucune pression en ce sens ni de la part des partis politiques, ni de la part des groupes de femmes. Il est possible que la notion d'effet de contagion, élaborée dans un contexte occidental, ne soit pas utile pour analyser la participation des femmes en politique burundaise.

Pour le cas du Burundi, je classe les obstacles à l'intégration des femmes au sein des organes dirigeants des partis politiques en six catégories :

- Premièrement, il y a un manque de reconnaissance de la place des femmes dans le gouvernement de leur pays. Ainsi, les femmes qui sont intégrées dans les partis se voient attribuer des tâches traditionnellement féminines, telles que l'organisation des activités socio-culturelles, la communication et les publicités, etc. Ces tâches visent plutôt à recruter des femmes de la société au sein du *membership* d'un parti qu'à promouvoir les droits et les libertés de celles-là.

- Deuxièmement, dans le mode de scrutin proportionnel, les partis politiques présentent des listes de leurs candidat-e-s lors des élections. Nous savons que plus une candidature est bien positionnée dans un parti, plus elle a de chances d'être présentée sur la liste lors des élections. À l'aide des résultats exposés au tableau 5, je peux soupçonner que les noms des femmes ne sont pas les premiers sur les listes. Ceci alimente l'affirmation de Tremblay selon laquelle les « femmes sont souvent cantonnées[157] » en bas des listes des candidat-e-s des partis politiques.

- Troisièmement, il semble que « la population n'est pas spontanément portée […] à voter en premier lieu pour une femme[158] », à cause des préjugés incarnés par la société burundaise envers les femmes, ce dont j'ai parlé dans les pages précédentes.

- Quatrièmement, les obligations familiales limitent les chances des femmes d'être mieux placées dans les organes dirigeants des partis politiques, parce que « la participation politique est un combat de tous les jours. Plus haut on est placé dans les organes du parti, plus exigeant sera ce combat[159] ». Il est évident que les partis doutent de la participation effective des femmes à cause de leur manque de disponibilité. En conséquence, ces partis ne présentent pas suffisamment de femmes ou les présentent au bas de leurs listes et/ou leur attribuent peu de responsabilités.

- Cinquièmement, la dépendance économique des femmes limite le placement de celles-ci sur les listes de candidat-e-s. La logique est la même que pour l'investissement du temps (la disponibilité : moins une personne dispose de temps à consacrer aux activités du parti, plus sont minces ses chances d'être classée sur la liste des candidat-e-s de ce parti lors des élections. Nous savons que l'investissement d'argent dans les partis politiques permet un meilleur classement sur la liste des candidat-e-s des partis politiques. Or, comme je l'ai déjà expliqué dans la partie sur la situation des femmes burundaises dans la société, celles-ci dépendent de leur époux pour presque tout.

---

[157] Manon Tremblay. *100 questions sur les femmes et la politique,* Montréal, Éditions du Remue-ménage, 2008, p. 84.

[158] Observatoire de l'Action Gouvernementale, O.A.G. *Analyse contextuelle sur la participation de la femme dans les organes dirigeants des partis politiques à la veille des élections 2010*, 2010, p. 36.
Disponible en ligne :
http://www.oag.bi/IMG/pdf/Participation_de_la_femme_dans_les_organes_dirige ants_des_partis_rapport_finalA5.pdf; consulté le 16 décembre 2013.

[159] Ibid.

- Sixièmement, les valeurs sur lesquelles sont fondés les partis politiques burundais sont surtout de nature ethnique. Cools explique que les doctrines des partis politiques sont traduites dans les programmes de ceux-ci. Pour le Burundi, les préoccupations et les priorités des partis politiques visent avant tout la recherche du partage du pouvoir entre les ethnies nationales via les formations politiques. Pour un pays qui a une histoire marquée par la répétition des massacres entre les ethnies, la préoccupation après la guerre a été de maintenir la paix, de garder et/ou de partager le pouvoir. La question de la promotion des femmes ne compte pas parmi les priorités des partis, même si elle se pose en théorie. Ce dernier obstacle me mène à parler des problèmes ethniques et de leurs conséquences sur l'intégration des femmes en politique.

10.2.2 Problèmes ethniques

L'ethnicité est définie comme « un construit social fondé sur la subjectivité des acteurs, et non sur une quelconque biologie raciale ou substance primordiale[160] ». Dans certains pays, la manipulation de l'ethnicité mène à l'utilisation de celle-ci pour nier les droits et les libertés des autres groupes de la société. Comme je l'ai expliqué plus tôt, l'histoire du Burundi est marquée par des tensions entre l'ethnie *hutu* et l'ethnie *tutsi*. Entre 1966 et 1993, les pouvoirs politique, économique et militaire étaient entre les mains d'un groupe militaire monolithique *tutsi*[161]. Ce groupe est parvenu à confisquer des droits politiques, juridiques, économiques et sociaux des *Hutus* et des *Twas*[162]. En conséquence, beaucoup de *Hutus* et de *Twas* n'ont pas eu la chance d'évoluer dans plusieurs domaines, surtout en éducation. Comme les femmes sont les plus marginalisées des marginalisés de la société, je comprends que les femmes des ethnies *hutue* et *twa* ont eu moins la chance d'être

---

[160] Geneviève Zoïa. « Faut-il avoir peur de l'ethnicité ? : le cas français », *Anthropologie et Sociétés*, 34(2), 2010, p. 199-223.
[161] Léonce Ndikumana, « Distributional conflict, the state and peace building in Burundi », *Round Table*, 94(381), 2005, p. 413-427.
[162] Augustin Nsanze. « Le deuil du passé est-il possible ? », *Cahiers d'études africaines*, 173-174(1), 2004, p. 420-424.

instruites. En conséquence, même si le gouvernement exige le quota d'un minimum de 30% au parlement, au gouvernement et dans les organes dirigeants des partis politiques, il arrive que les femmes choisies pour combler certains postes n'aient pas les connaissances, non plus l'éducation politique qu'il faut pour bien exercer leur carrière de représentantes.

Je peux également me poser la question de savoir si les femmes politiques burundaises représentent les intérêts de toutes les femmes peu importe leurs ethnies. Vu que les partis politiques présentent la liste de leurs candidat-e-s, et vu que ces listes sont formées selon leurs intérêts ethniques et partisans, la réponse simple et claire est que, bien qu'il y ait des exceptions, les femmes politiques burundaises *hutues* sont dans les partis *hutus* et les femmes politiques *tutsies* sont dans les partis *tutsis*. Ainsi, les politiciennes burundaises ne collaborent pas pour former un groupe mixte qui refléterait les intérêts diversifiés de toutes les femmes de la société.

Bien qu'il n'existe pas de droits, de libertés, d'intérêts et de besoins qui appartiendraient en propre aux femmes *hutues* ou *tutsies*, la notion d'intersectionnalité montre que les femmes ne vivent pas les effets d'oppressions combinées de la même façon. Professeure Weldon explique que « *[i]ntersectionality is a concept that describes the interaction between systems of oppression*[163] ». Le concept d'intersectionnalité prend ses racines dans les efforts des féministes afro-américaines qui ont voulu théoriser leurs expériences et leur position sociale. Il veut mettre au jour l'entrecroisement entre les formes de discriminations auxquelles les femmes sont confrontées dans les sociétés. Ainsi, la notion d'intersectionalité « apparaît comme un outil d'analyse pertinent, d'une part, pour comprendre et répondre aux multiples façons dont les rapports de sexe entrent en interrelation avec d'autres aspects de l'identité sociale et, d'autre part, pour voir comment ces

---

[163] Laurel S.Weldon. « Intersectionality » dans Gary Goertz et Amy G. Mazur (dir.), *Politics, Gender, and Concepts; Theory and Methodology,* Cambridge/New York, Cambridge University Press, 2008, p. 193.

intersections mettent en place des expériences particulières d'oppression et de privilège[164] ».

Différentes oppressions sont vécues différemment au sein des groupes de femmes. Pour ce qui est des oppressions basées sur les rapports de sexe physique, il s'agit de la domination des hommes sur les femmes. Règle générale, la majorité des femmes vit cette forme d'oppression physique, soit dans les foyers, soit dans les milieux du travail (ACAT et OMCT, 2008). Par contre, ces oppressions peuvent être vécues différemment. Par exemple, les femmes qui sont plus éduquées sont plus conscientes de leurs droits et libertés et ont ainsi tendance à dénoncer les abus au sein de leur foyer. Aussi, les femmes qui ont leur propre revenu peuvent quitter une relation violente parce qu'elles sont capables d'assurer seules leurs subsistances, tandis que celles qui sont financièrement dépendantes de leur conjoint n'ont pas cette latitude. Aussi, l'orientation sexuelle des femmes noires lesbiennes peut défavoriser celles-ci par rapport aux femmes noires hétérosexuelles.

Les oppressions peuvent également être basées sur la race. Une femme noire est plus désavantagée sur le marché du travail, d'abord parce qu'elle est une femme, et ensuite, parce qu'elle est noire. Et que dire si elle est noire et lesbienne ! C'est la triple oppression. Les exemples sont nombreux.

Dans le cas des femmes burundaises, je m'intéresse à la combinaison des rapports interethniques, des rapports de classe et des rapports de sexe. Pour ce premier paramètre, les femmes *hutues* sont beaucoup plus désavantagées comparées aux femmes *tutsies* pour plusieurs raisons, parmi lesquelles l'éducation. Comme je l'ai déjà expliqué, les droits politiques, juridiques, économiques et sociaux des *Hutus* ont été confisqués par des *Tutsis* du quinzième siècle jusqu'en 1993. Ainsi, *les femmes burundaises hutu ont été pour longtemps plus opprimées en comparaison à leurs consœurs tutsi en ce qui concerne l'accès à l'éducation et au*

---

[164] Christine Corbeil et Isabelle Marchand. *L'approche intersectionnelle : origines, fondements théoriques et apport à l'intervention féministe. Défis et enjeux pour l'intervention auprès des femmes marginalisées.* 2006. http://www.relais-femmes.qc.ca/files/Annexe_Corbeil_Marchand.pdf; consulté le 2 juillet 2011.

travail. Il y a aussi les rapports de classe qui sont reliés aux *rapports interethniques*. En général, plus on est éduqué dans la société, plus on a de chances d'avoir un travail, donc, un revenu. À son tour, celui-ci permet une mobilité sociale ascendante. Avec les problèmes de discrimination en éducation que j'ai déjà évoqués, j'ai l'intuition qu'il y a plus de femmes *hutues* chômeuses comparé aux femmes *tutsies*. Pour ce qui est des rapports de sexe, il y a *les abus basés sur le sexe physique* (les violences sexuelles faites aux femmes), *sur l'économie* (les héritages refusés aux femmes et aux filles) et *sur la vie socio-économique* (le faible niveau d'éducation des femmes en comparaison avec les hommes, les responsabilités familiales qui pèsent sur celles-ci et qui les empêchent de participer pleinement aux activités publiques, la dépendance financière des femmes envers les hommes, etc.).

En fait, la complexité des oppressions vécues par les femmes burundaises rend difficile la lutte pour un objectif commun. Je pense que cet objectif devrait être la promotion des droits et libertés des femmes afin de changer les conditions de vie de celles-ci dans la société. Comment les politiciennes burundaises peuvent-elles promouvoir les droits et les libertés des femmes burundaises malgré leurs différences ? Je n'ai pas la réponse à cette question, mais je pense qu'à cause de l'oppression commune qu'elles vivent, celle basée sur le sexe, elles devraient commencer par la lutte contre les discriminations basées sur le sexe physique. Il faudrait que les femmes politiques burundaises aillent au-delà des problèmes ethniques afin de développer une solidarité entre elles. Même si ce raisonnement semble irréaliste, un tel consensus aiderait ces politiciennes à promouvoir et à défendre les droits, les libertés, les besoins et les intérêts de toutes les femmes burundaises.

Conclusion

Trois questions ont guidé ma recherche pour ce livre : Comment a progressé la présence des femmes en politique au Burundi ? L'intégration des femmes en politique contribue-t-elle à l'amélioration des conditions de vie des autres femmes dans la société burundaise ? Quels sont les obstacles qui limitent la représentation substantielle des femmes en politique au Burundi ?

J'ai montré que le nombre de femmes en politique augmente à un rythme régulier. L'État burundais manifeste une volonté d'accroître le nombre de femmes au gouvernement et au parlement. En revanche, si je tiens compte du fait que les femmes constituent 52% de la population burundaise, je dirais que bien qu'il y ait eu un progrès appréciable du nombre de femmes en politique entre 1990 et 2010, elles sont encore sous-représentées en politique burundaise. J'ai également souligné que le pouvoir législatif est doté de peu de pouvoir dans le régime politique burundais.

Par ailleurs, comme je l'ai expliqué dans les parties sur la représentation politique et le concept de masse critique, seul le nombre de femmes en politique (la représentation descriptive) n'engendre pas automatiquement l'élaboration de politiques publiques favorables aux femmes ainsi que des activités visant à défendre et à promouvoir les droits des femmes et leur bien-être dans la société (la représentation substantielle). Le Burundi illustre ce constat. Ainsi, les recherches faites dans ce livre montrent que l'intégration de femmes en politique burundaise ne se traduit pas encore par l'amélioration des conditions de vie des femmes dans la société.

Au terme de cette démarche à la fois analytique et prospective, j'émets deux observations complémentaires. La première observation exprime mon vif souhait qu'il y ait plus de recherches sur les femmes et la politique au Burundi. La seconde observation soutient qu'en raison d'obstacles complexes de nature socioculturelle et ceux d'ordre politico-ethnique, il existe un écart entre le nombre des politiciennes et leur influence sur l'élaboration de décisions et de politiques publiques favorables aux femmes. En d'autres mots, quand il s'agit de l'intégration des femmes en politique, le nombre n'est pas toujours synonyme d'influence. C'est à ce niveau que j'ose proposer une stratégie de conscientisation, de responsabilisation et d'information des Burundais, femmes et hommes, pour que chaque individu s'implique avec conviction et persuasion politique dans le combat public pour l'émergence des femmes burundaises comme actrices principales de leur émancipation du joug des pouvoirs traditionnels et patriarcaux.

Le simple fait d'avoir entrepris ce travail de recherche montre ma conviction intellectuelle et ma confiance en la capacité de la rationalité communicationnelle à susciter des subjectivités conscientes et responsables de leur destin dans la société burundaise post-conflit. Il s'agit du pari philosophique qui consiste à soutenir que l'être humain, par-delà les différences physiologiques, sociales, économiques et culturelles est fondamentalement ouvert au monde par son imaginaire et cet imaginaire se nourrit des idées, des idéologies, de la culture et des visions du monde charriées par une société déterminée. Et en agissant sur l'imaginaire des femmes burundaises par les idées-forces promues dans cet ouvrage, j'ose croire que la dissémination de ces idées chez les femmes burundaises du pays et des diasporas dont je fais partie actuellement constitue un puissant moyen de conscientisation et de mobilisation de toutes les femmes burundaises pour qu'elles transcendent les différents clivages hérités de l'histoire conflictuelle et violente entre les *Hutus* et les *Tutsis*.

J'atteste en définitive que la vulgarisation des idées émancipatrices et progressistes contenues dans cet ouvrage permettra l'émergence d'une conscience collective et critique des femmes burundaises ancrée sur leur féminité irréductible. La promotion d'un leadership féminin fort, thérapeutique et politique devient un impératif vital dans le chantier de la renaissance et de la reconstruction des sociétés africaines postcoloniales et cela dépasse le seul cas singulier du Burundi.

Il ne s'agit nullement dans mon propos d'appeler à la lutte ni à la haine entre les hommes et les femmes burundaises, et autres, mais de permettre le déploiement intellectuel, social et politique d'un leadership féminin puissant et transformateurs où les qualités féminines apporteraient des correctifs à la faillite de la gestion africaine des indépendances dont les hommes ont été jusqu'ici les principaux acteurs. C'est juste une question de justice et d'honnêteté intellectuelle car partout en Afrique ce sont des femmes qui assument l'essentiel de la subsistance des familles et la reprise intellectuelle de leur leadership. Déjà là devrait mobiliser les femmes politiques qui, disposent de l'outillage analytique et discursif nécessaire et qui devraient ensuite, vulgariser ces idées auprès de la majorité des femmes analphabètes et bloquées par la reproduction des logiques de subordination domestique qui prévalent dans un pays comme le Burundi, où 90% de la population est encore rurale et où les tâches de la reproduction et de la gestion quotidienne des affaires domestiques sont massivement assignées aux femmes.

BIBLIOGRAPHIE

Abdo, Saad. « Le système électoral majoritaire freine l'avancée démocratique », *Confluences Méditerranée*, 56(1), 2006, p. 109-114.

Abrahamsen, Rita. *Disciplining Democracy: Development Discourse and Good Governance in Africa*, Londres/New York, Zed Books, 2000, p.168.

ACAT et OMCT. *Les violences contre les femmes au Burundi*, 2008, p. 37.

ActionAid International. *Her Stories, Leurs Histoires*, 2010. p. 122.

Baker, Bruce. « Can democracy in Africa be sustained? » *Commonwealth and Comparative Politics*, 38(3), 2000, p. 9-34.

Bertini, Marie-Joseph. *Femmes : le pouvoir impossible,* Paris, Pauvert, 2002, p. 251.

Brown, Stephen et Kaiser, Paul. « Democratisations in Africa: attempts, hindrances and prospects », *Third World Quarterly*, 28(6), 2007, p. 1131-1149.

Celis, Karen. « Substantive Representation of Women. The Representation of Women's Interests and the Impact of Descriptive Representation in the Belgian Parliament (1900–1979) », *Journal of Women, Politics and Policy*, 28(2), 2006, p. 85-114.

Celis, Karen. « Studying Women's Substantive Representation in Legislatures: When Representative Acts, Contexts and Women's Interests Become Important », *Representation*, 44(2), 2008, p.111-123.

Celis, Karen, Childs, Sarah, Kantola, Johanna et Krook, Mona Lena. « RethinkingWomen's Substantive Representation », *Representation*, 44(2), 2008, p. 100-110.

Chaney, Paul. « Critical Mass, Deliberation and the Substantive Representation of Women: Evidence from the UK's Devolution Programme », *Political Studies*, 54(4), 2006, p. 691-714.

Childs, Sarah. « The Complicated Relationship between Sex, Gender and the Substantive Representation of Women », *European Journal of Women's Studies*, 13(1), 2006, p. 7-21.

Childs, Sarah et Krook, Mona Lena. « Should Feminists Give Up on Critical Mass? A Contingent Yes », *Politics & Gender,* 2(4), 2006, p. 522-530.

Childs, Sarah et Withey, Julie. «The Substantive Representation of Women: The Case of the Reduction of VAT on Sanitary Products», *Parliamentary Affairs*, 59(1), 2006, p. 10-23.

Chrétien, Jean-Pierre. Un « nazisme tropical » au Rwanda ? Image ou logique d'un génocide, *Vingtième Siècle. Revue d'histoire*, 48(octobre-décembre), 1995, p. 131-142.

Chrétien, Jean-Pierre et Dupaquier, Jean-François. *Burundi 1972, au bord des génocides*, Paris, Karthala, 2007, p. 494.

Cools, Marc. *La politique : pourquoi et comment ?*, Bruxelles, Racine, 2009, p.119.

Coronel, José M., Moreno, Claudia E. et Carrasco, María J. « Work–family Conflicts and the Organizational Work Culture as Barriers to Women Educational, Managers »*, Gender, Work and Organization*, 17(2), 2010. p. 219-239.

Cotteret, Jean Marie et Emeri, Claude. *Les systèmes électoraux,* Paris, Presses universitaires de France, 1970, p. 128.

Crowley, Jocelyn Elise. « When Tokens Matter », *Legislative Studies Quarterly*, 29(1), 2004, p. 109-136.

Dahlerup, Drude. « From a Small to a Large Minority : Women in Scandinavian

Politics »*, Scandinavian Political Studies*, 11(4), 1988, p. 275–298.

Dahlerup, Drude. « The Story of the Theory of Critical Mass »*, Politics &Gender*, 2(4), 2006, p. 511-522.

Daley, Patricia. *Gender & genocide in Burundi: the search for spaces of peace in the Great Lakes Region*, Bloomington, Indiana University Press, 2008, p. 268.

De Théus, Cyrille. *Quelques lignes tracées à la craie, le droit des femmes en 2000,* Courtry, La Rotonde, 2000, p. 376.

De Walle, Nicolas Van. « Presidentialism and Clientielismin Africa's Emerging Party Systems », *Journal of Modern African Studies*, 41(2), 2003, p. 297-321.

EASSI et International Alert. *Participation politique des femmes dans les pays sortant d'un conflit dans la région des Grands Lacs en Afrique*, 2007, p. 64.

Evans, Jocelyn Jones. *Women, Partisanship, and the Congress*, New York, Palgrave Macmillan, 2005, p. 161.

Falch, Åshild. *Women's Political Participation and Influence in Post-Conflict Burundi and Nepal*, 2010, p. 56.

Gaspard, Françoise. « Féminisation de la politique ? », *Travail, genre et sociétés*, 18(2), 2007, p. 135-138.

Green, Manda. « Safe space et représentation substantive : le cas des délégations aux droits des femmes et à l'égalité des chances », *Raisons politiques*, 15(3), 2004, p. 97-110.

Guichaoua, André. *Les crises politiques au Burundi et au Rwanda, 1993-1994 : analyses, faits et documents*, Paris, Karthala, 1995, p. 790.

Jensen, S. Jane. *Women political leaders: Breaking the highest glass ceiling*, New York, Palgrave Macmillan, 2008, p. 268.

Kanter, Rosabeth Moss. « Some Effects of Proportions on Group Life : Skewed Sex Ratios and Responses to Token Women », *American Journal of Sociology*, 82(5), 1977, p. 965-990.

Kathlene, Lyn. « In a Different Voice: Women and the Policy Process » dans

Sue Thomas et Clyde Wilcox (dir.), *Women and Elective Office: Past,Present, & Future*, New York, Oxford University Press, 1998, p. 188-202.

Kiraranganya, Boniface Fidel. *La vérité sur le Burundi : témoignage*, 2ème édition, Sherbrooke, Naaman, 1985, p. 110.

Konde, Emmanuel. *African Women and Politics. Knowledge, Gender, and Power in Male-Dominated Cameroon,* New York, The Edwin Mellen Press, 2005, p. 239.

L'école citoyenne : Allard, Geneviève ; Blanc, Martine ; Cornelissen, Kim ; Hémond, Élaine ; Roberge, Mercédez ; Tremblay, Manon ; Voisard, Pauline. *Le mode de scrutin proportionnel,* 1 vidéodisque (32 min) : son., coul. ; 4 3/4 po. Québec : Vidéo femmes, 2004.

Lemarchand, René. « Le génocide de 1972 au Burundi », *Cahiers d'études africaines* [En ligne], 167, 2002, p. 551-568.

Lemarchand, René. « La mémoire en rivale de l'histoire », *Cahiers d'études africaines* [En ligne], 173-174, 2004, p. 431-434.

Longman, Timothy. « Rwanda : Achieving Equality or Serving an Authoritarian State » dans Gretchen Bauer et Hannah E. Britton (sous la direction), *Women in African Parliaments*, Boulder, Lynne Rienner Publishers, 2006, p. 133-150.

Lovenduski, Joni. *Feminizing Politics,* Londres, Polity, 2005, p.197.

Marcilloux-Giummarra, Sandrine. « Droit constitutionnel et vie politique. Le financement des partis politiques », *Revue française de droit constitutionnel*, 85(1), 2011, p. 163-174.

Mariro, Augustin. *Burundi 1965 : La 1ère crise ethnique : genèse et contexte géopolitique*, Paris, Harmattan, 2005, p. 273.

Mateo Diaz, Mercedes. *Representing Women ? Female Legislators in West European Parliaments*, Colchester, ECPR Press, 2005, p. 219.

Matland, Richard E. et Studlar, Donley T. « The Contagion of Women Candidates in Single-Member District and Proportional Representation Electoral Systems: Canada and Norway », *Journal of Politics*, 58(3), 1996, p. 707-733.

Maume, David, Sebastian, Rachel et Bardo, Anthony. « Gender, Work-Family Responsibilities, and Sleep », *Gender & Society*, 24(6), 2010, p. 746-768.

Minnotte, Krista Lynn, Minnotte, Michael C., Pedersen Daphne E., Mannon, Susan E. et Kiger, Gary. « His and Her Perspectives: Gender Ideology, Work-to-Family Conflict, and Marital Satisfaction », *Women's Studies International*, 63(5/6), 2010, p. 425-438.

Nations Unies (2008). *Convention sur l'élimination de toutes les formes de discrimination à l'égard des femmes CEDAW/C/BDI/CO/4. Observations finales du Comité pour l'élimination de la discrimination à l'égard des femmes, Burundi,* 2008, p.8.

Ndikumana, Léonce. « Distributional conflict, the state and peace building in Burundi », *Round Table*, 94(381), 2005, p. 413-427.

Ndoricimpa, Gregonie. « Les femmes burundaises se mobilisent pour la paix », *Le Renouveau Burundi*, 5904(décembre), 2003, p. 1-3.

Niyonzima, Herménégilde. *Burundi, Terre des héros non chantés du crime et de l'impunité,* Vernier, Les Éditions REMESHA, 2004, p. 422.

Norris, Pippa. « Women: Representation and Electoral Systems » dans Richard Rose (dir.), *The International Encyclopedia of Elections*, Washington (DC), CQ Press, 2000, p. 348-351.

Norris, Pippa. *Electoral Engineering. Voting Rules and Political Behavior,*
Cambridge/New York, Cambridge University Press, 2004, p. 375.

Nsanze, Augustin. *Le Burundi contemporain, l'État nation en question,* Paris, Harmattan, 2003, p. 515.

Nsanze, Augustin. « Le deuil du passé est-il possible ? », *Cahiers d'études africaines*, 173-174(1), 2004, p. 420-424.

Ntahongendera, Sébastien et Niyonkuru, Anicet. *Memorandum du parti CDP en rapport avec l'impunité du génocide hutu depuis 1972,* (inédit), Leverkusen, Flyeralarm, 2009, p. 96.

Nyamitwe, Alain Aimé. *Démocratie et ethnicité au Burundi : essai sur des mots et des acteurs autour d'un enjeu de justice et de pouvoir, 1962-2005,* Paris, Lethielleux, 2009, p. 219.

Observatoire de l'Action Gouvernementale, O.A.G. *Évaluation de la mise en application des mesures prises par le Gouvernement pour l'intégration de la femme dans les sphères de prise de décision,* 2008, p. 104.

Observatoire de l'Action Gouvernementale, O.A.G. *Burundi : une gouvernance fortement marquée par le spectre des élections de 2010,* 2009, p. 59.

Observatoire de l'Action Gouvernementale, O.A.G. *Analyse contextuelle sur la participation de la femme dans les organes dirigeants des partis politiques à la veille des élections 2010,* 2010, p. 52.

Organisation des Nations Unies pour l'Alimentation et l'Agriculture, F.A.O. *La femme et l'environnement, élaboration de la Stratégie Nationale pour l'Environnement au Burundi (SNEB)*, 1997, p. 53.

Phillips, Anne. *The Politics of Presence*, Oxford, Clarendon Press, 1995, p. 209.

Phillips, Anne. « Democracy and Representation: Or, Why Should It Matter Who Our Representative Are? » dans Anne Phillips (dir.), *Feminism & Politics*, Oxford, Oxford University Press, 1998, p. 471.

Pitkin, Hanna Fenichel. *The Concept of Representation*, Berkeley, University of California Press, 1967, p. 323.

Powley, Elizabeth. « La moitié des sièges pour les femmes à la Chambre des députés » dans Manon Tremblay (sous la direction), *Femmes et parlements : un regard international*, Montréal, Remue-ménage, 2005, p. 111-128.

République du Burundi. *Code du travail, Décret loi n°1-037 du 07 juillet 93*, 1993, p. 39.

République du Burundi. *Constitution intérimaire post-transition de la République du Burundi*, 2005, p. 77.

République du Burundi, Ministère de l'action sociale et de la promotion de la femme. *Rapport national d'évaluation décennale de mise en application du programme d'action de Beijing*, 2004, p. 31.

Reyntjens, Filip. « Briefing: Burundi: A Peaceful Transition After a Decade Of War? », *Oxford Journals*, 105(418), 2005, p. 117-135. Rosenthal, Cindy Simon (dir.). *Women Transforming Congress*, Norman, University of Oklahoma Press, 2002, p. 506.

Salih, M.A. Mohamed. *African Parliaments, Between Governance and Government*, New York, Palgrave Macmillan, 2005, p. 286.

Sathoud, Ghislaine. *Le combat des femmes au Congo-Brazzaville*, Paris, l'Harmattan, 2007, p. 90.

Seckinelgin, Hakan, Bigirumwami, Joseph et Morris, Jill. « Securitization of HIV/AIDS in Context: Gendered Vulnerability in Burundi », *Security Dialogue*, 41(5), 2010, p. 515-535.

Seckinelgin, Hakan, Bigirumwami, Joseph et Morris, Jill. « Conflict and Gender: The Implications of the Burundian Conflict on HIV/AIDS risks », *Conflict, Security & Development,* 11(1), 2011, p. 55-77.

Sindayigaya, Jean-Marie. *Grands Lacs : Démocratie ou Ethnocratie ?*, Paris/Montréal, Harmattan, 1998, p. 317.

Skaine, Rosemarie. *Women Political Leaders in Africa,* North Carolina, McFarland & Company, Inc., 2008, p. 206.

Swers, Michele L. *The Difference Women Make. The Policy Impact of Women in Congress*, Chicago, University of Chicago Press, 2002, p. 194.

Tamale, Sylvia. *When Hens Begin to Crow. Gender and Parliamentary Politics in Uganda*, Kampala, Fountain Publishers, 1999, p. 248.

Thomas, Sue. « The Impact of Women on State Legislative Policies », *Journal of Politics*, 53(4), 1991, p. 958-976.

Tremblay, Manon. « Do Female MPs Substantively Represent Women? A Study of Legislative Behaviour in Canada's 35th Parliament », *Revue canadienne de science politique*, 31(3), 1998, p. 435-465.

Tremblay, Manon. *100 questions sur les femmes et la politique,* Montréal, Éditions du Remue-ménage, 2008, p. 326.

Tremblay, Manon et Pelletier, Réjean. *Que font-elles en politique?*, Sainte-Foy, Les Presses de l'Université Laval, 1995, p. 284.

Trimble, Linda. « A Few Good Women : Female Legislators in Alberta, 1972-1991 », dans Catherine A. Cavanaugh et Randi R. Warne (dir.), *Standing on New Ground: Women in Alberta*, Calgary, University of Alberta Press, 1993, p. 87-118.

Union interparlementaire. *Les femmes dans les parlements : 1945-1995, Étude statistique mondiale,* Genève, Union interparlementaire, 1995, p. 283.

Vandeginste, Stef. « Le processus de justice transitionnelle au Burundi », *Droit et société,* 73(3), 2009 (a), p. 591-611.

Vandeginste, Stef. « Power-sharing, conflict and transition in burundi: Twenty years of trial and error ». *Afrika Spectrum, 44*(3), 2009 (b), p. 63-86.

Vandeginste, Stef. « Power-sharing as a fragile safety valve in times of electoral turmoil: the costs and benefits of Burundi's 2010 elections ». *Journal of Modern African Studies,* 49(2), 2011, p. 315-335.

Weldon, S. Laurel. « Beyond Bodies: Institutional Sources of Representation for Women in Democratic Policymaking », *Journal of Politics*, 64(4), 2002, p. 1153-1174.

Weldon, S. Laurel. « Intersectionality » dans Gary Goertz et Amy G. Mazur (dir.), *Politics, Gender, and Concepts; Theory and Methodology,* Cambridge/New York, Cambridge University Press, 2008, p. 193-218.

Williams, Melissa S. *Voice, Trust, and Memory. Marginalized Groups and Failings of Liberal Representation*, Princeton, Princeton University Press, 1998, p. 329.

Zoïa, Geneviève. « Faut-il avoir peur de l'ethnicité ? : le cas français », *Anthropologie et Sociétés,* 34(2), 2010, p. 199-223.

SITES INTERNET

Association pour la Défense des droits de la femme et de l'enfant HAGURUKA A.s.b.l., *La femme rwandaise et l'accès à la justice*, http://repositories.lib.utexas.edu/bitstream/handle/2152/4881/3989.pdf?sequence=1; consulté le 13 décembre 2013.

CIA – The World Factbook, Burundi, *peuple et société,* https://www.cia.gov/library/publications/the-world-factbook/geos/by.html; consulté le 11 décembre 2013.

Corbeil, Christine et Marchand, Isabelle (2006). *L'approche intersectionnelle : origines, fondements théoriques et apport à l'intervention féministe. Défis et enjeux pour l'intervention auprès des femmes marginalisées*, http://www.relais-femmes.qc.ca/files/Annexe_Corbeil_Marchand.pdf; consulté le 2 juillet 2011.

COSOME (2009). *Burundi-politique. Faible représentation de la femme burundaise dans les postes de décisions au niveau local*, http://www.cosome.bi/spip.php?article188; consulté le 14 décembre 2013.

Esplen, Emily (2009). *Gender and Care: Overview Report,* http://www.bridge.ids.ac.uk/reports/CEP_Care_OR.pdf; consulté le 14 décembre 2013.

IRIN, Humanitarian news and analysis, a service of the UN Office for the Coordination of Humanitarian Affairs (2008). *BURUNDI: Francine Nijimbere, "I'm like a baby... I am helpless",* http://www.irinnews.org/report.aspx?reportid=87960; consulté le 19 octobre 2011.

Kayogera, Nina (2003). *La magistrature au Burundi,* http://www.grandslacs.net/doc/3578.pdf; consulté le 10 décembre 2011.

Lemarchand, René (2008). *The Burundi killings of 1972,* http://migs.concordia.ca/documents/The-Burundi-Killings-of-1972Lemarchand.pdf; consulté le 12 décembre 2011.

Nindorera, Eugène et Nyamoya, François (2004). *Conférence-débat sur le système électoral au Burundi,* http://repositories.lib.utexas.edu/bitstream/handle/2152/5950/3204.pdf?sequence=1; consulté le 20 octobre 2011.

Ntahongendera, Sébastien, *La révolution burundaise « au féminin » payée en monnaie de singe,* http://www.burunditransparence.org/la-revolution-burundaise-au-feminin.pdf; consulté le 13 décembre 2013.

Nyamuyenzi, Rosette (2008). *La reconnaissance de l'égalité des genres,* http://www.institut-destree.eu/Documents/Chantiers/ID-EP-2008/ID-EP08_Rosette_Nyamuyenzi_Egalite_Genre_2008-03-08EP.pdf; consulté le 4 novembre 2011.

Nzosaba, Jean Bosco (2009). *Intégration de la femme au niveau local,* http://www.oag.bi/spip.php?article839; consulté le 13 décembre 2013.

Organisation internationale de la francophonie, *Code du travail rwandais, des avancées circonscrites*, http://genre.francophonie.org/spip.php?article924; consulté le 13 décembre 2013.

Programme des Nations Unies pour le développement (PNUD) *Accès aux terres : encore un obstacle pour les femmes,* http://www.bi.undp.org/gender/index.php?option=com_content&view=article&id=12:lacces-aux-terres-encore-un-obstacle-pour-les-femmes&catid=5:actualite&Itemid=9; consulté le 7 novembre 2011.

Programme des Nations Unies pour le développement (PNUD), *Femmes et pauvreté,* http://www.teamstoendpoverty.org/wq_pages/fr/visages/femmesetpauvrete.php; consulté le 13 décembre 2013.

Programme des Nations Unies pour le développement (PNUD), *Halte aux violences basées sur le genre,* http://www.bi.undp.org/gender/index.php?option=com_content&view=article&id=7:halte-aux-violences-basees-sur-le-genre-&catid=5:actualite&Itemid=9; consulté le 7 novembre 2011.

Programme des Nations Unies pour le developpement (PNUD), *Rapport sur le développement humain 2010,* http://hdr.undp.org/en/media/HDR_2010_FR_Complete_reprint.pdf; consulté le 13 décembre 2013.

République du Burundi, *Burundi/Genre : - Atelier d'échange d'expériences,* http://www.burundi-gov.bi/Burundi-Genre-Atelier-d-echange-d,1520; consulté le 11 décembre 2011.

UNESCO, Bureau de l'information du public, *L'éducation des filles et des femmes,* http://www.unesco.org/bpi/pdf/memobpi26_girlseducation_fr.pdf; consulté le 13 décembre 2013.

UNICEF, *Éducation de base et égalité des sexes*, http://www.unicef.org/french/education/; consulté le 14 décembre 2013.

UNICEF, *Rwanda: The Impacts of Women legislators on Policy Outcomes Affecting Children and Families*, http://www.unicef.org/Rwanda.pdf; consulté le 14 décembre 2013.

Union interparlementaire, Burundi Inama Nshingamateka, Assemblée nationale, *Dernières élections*, http://www.ipu.org/parline-f/reports/1049_E.htm; consulté le 7 novembre 2013.

Union interparlementaire, Burundi Inama Nshingamateka, Assemblée nationale, *Système électoral*, http://www.ipu.org/parline-f/reports/1049_B.htm; consulté le 11 décembre 2013.

Union interparlementaire, *Déclaration universelle sur la démocratie*, http://www.ipu.org/cnl-f/161-dem.htm; consulté le 18 octobre 2011.

Union interparlementaire, *Les femmes dans les parlements nationaux, Classement mondial*, État de la situation au 1er novembre 2013, http://www.ipu.org/wmn-f/classif.htm; consulté le 13 décembre 2013.

Union interparlementaire, *Les femmes dans les parlements nationaux, Données archivées*, État de la situation en mars 1995, en mars 2000, en mars 2005, en mars 2010 et en septembre 2013. http://www.ipu.org/wmn-f/world-arc.htm; consulté le 13 décembre 2013.

Union interparlementaire, *Les femmes dans les parlements nationaux, Moyennes régionales*, État de la situation au 1er novembre 2013,
http://www.ipu.org/wmn-f/world.htm; consulté le 27 mai 2011.

SIGLES ET ABRÉVIATIONS

ACAT	Action des Chrétiens pour l'Abolition de la Torture (Burundi)
ADR	Alliance Démocratique pour le Renouveau
CDP	Conseil Des Patriotes
CEDAW	Convention sur l'élimination de toutes les formes de discrimination à l'égard des femmes
CNDD-FDD	Conseil National pour la Défense de la Démocratie - Force de Défense de la Démocratie
COSOME	Coalition de la Société civile pour le Monitoring Électoral
EASSI	East African Sub-regional Support Initiative for the Advancement of Women
FRODEBU	Front pour la Défense de la Démocratie
MRC	Mouvement de Rassemblement pour la Réhabilitation du Citoyen
OAG	Observatoire de l'Action Gouvernementale
OMCT	Organisation Mondiale Contre la Torture
PDC	Parti Démocrate Chrétien
PDR	Parti Démocrate Rural
PMP	Parti Monarchique Parlementaire
PNUD	Programme des Nations Unies pour le développement
PP	Parti du Peuple

UNESCO	Organisation des Nations unies pour l'éducation, la science et la culture
UNICEF	Fond des Nations unies pour l'enfance
UPRONA	Unité pour le Progrès National

TABLE DES MATIÈRES

REMERCIEMENTS **5**
AVANT PROPOS **7**
INTRODUCTION **9**

CHAPITRE PREMIER
FEMMES EN POLITIQUE DANS LE MONDE................... **15**

CHAPITRE II
BURUNDI : APERÇU GÉOGRAPHIQUE, HISTORIQUE ET HUMAIN **23**
   2.1 Géographie 23
   2.2 Histoire 24
      2.2.1 Conflits ethniques *25*

CHAPITRE III
DÉMOCRATISATION DU BURUNDI................................ **31**

CHAPITRE IV
RÉGIME POLITIQUE **33**

CHAPITRE V
CONDITIONS DES FEMMES DANS LA SOCIÉTÉ BURUNDAISE. ET AILLEURS ?.. **37**
   5. 1 Au Burundi – la place et les rôles des femmes 37
   5.2 Au Burundi – le trafic humain 42
   5.3 Et ailleurs ? 43

CHAPITRE VI
POURQUOI DES FEMMES EN POLITIQUE ? FACTEURS INCITATIFS À L'INTÉGRATION DES FEMMES EN POLITIQUE AU BURUNDI.. **45**

CHAPITRE VII
COMMENT SONT-ELLES ARRIVÉES EN POLITIQUE ? .. **49**

7.1 Fin de la guerre froide et pression internationale à la démocratisation 49
7.2 Démocratie à court terme et guerre civile 50
7.3 Accords de paix d'Arusha et les quotas 52
7.4 Volonté politique 53

CHAPITRE VIII
REPRÉSENTATION POLITIQUE 57
8.1 Représentation symbolique 57
8.2 Représentation descriptive 59
8.3 Représentation substantielle 60
8.4 Débats sur la représentation descriptive et la représentation substantielle 61

CHAPITRE IX
MASSE CRITIQUE 65

CHAPITRE X
OBSTACLES À L'INFLUENCE DES FEMMES EN POLITIQUE BURUNDAISE 69
10.1 Obstacles de nature socio-culturelle 69
   10.1.1 Faible niveau d'éducation scolaire et politique 69
   10.1.2 Culture et préjugés de la société burundaise 74
   10.1.3 Obligations familiales et manque de soutien de famille 79
10.2 Obstacles de nature politico-ethnique 84
   10.2.1 Système électoral et partis politiques 84
   10.2.2 Problèmes ethniques 95

CONCLUSION 99
BIBLIOGRAPHIE 103
   SITES INTERNET 110
SIGLES ET ABRÉVIATIONS 115

Le Burundi aux éditions L'Harmattan

Dernières parutions

BURUNDI ET RWANDA : RÉCONCILIER LES ETHNIES
Lumières du 2e synode pour l'Afrique
Gahungu Méthode
Le Burundi et le Rwanda sont très connus sur la scène internationale pour être le théâtre de guerres ethniques. Après une analyse critique de la question ethnique dans ces pays, ce livre propose de faire une lecture lucide de l'histoire commune, une visite scientifiquement honnête de la mémoire collective. L'identité est dynamique et plurielle. Pour une culture de paix, la première conquête à faire est l'acceptation de ce préalable.
(Coll. IREA (Institut de recherche et d'études africaines), 31.00 euros, 298 p.)
ISBN : 978-2-296-99769-1, ISBN EBOOK : 978-2-296-51664-9

DÉVELOPPEMENT ÉCONOMIQUE DU BURUNDI ET SES ACTEURS XIXe-XXIe siècle
Inzoli Angelo - Préface de Michel Hau
Cette histoire économique du Burundi a été organisée selon une logique pluridisciplinaire et multilatérale, c'est-à-dire liée à la pluralité des acteurs qui sont à l'oeuvre dans le développement du pays : l'État, les forces religieuses et la paysannerie. Elle révèle une société réceptive à la croissance, mais hésitant sur les voies à suivre, et animée par des acteurs entretenant entre eux des relations complexes de coopération et d'affrontement.
(Coll. Études africaines, 22.00 euros, 212 p.)
ISBN : 978-2-296-99735-6, ISBN EBOOK : 978-2-296-51308-2

GUERRE (LA) DES NEZ AU BURUNDI
Je l'ai vue et vécue
Muhawenayo Cyriaque
Ce livre relate la vie d'un jeune Burundais qui a connu la guerre et ensuite a vécu comme réfugié dans différents pays de la région des Grands Lacs comme le Rwanda et la Tanzanie. Il parle sans ambiguïté de la situation vécue, et sur le champ de bataille et dans les camps de réfugiés, et prêche la non-violence et le dialogue pour toute question susceptible de diviser la société burundaise, sous peine de retourner dans la guerre.
(Coll. Ecrire l'Afrique, 19.00 euros, 192 p.)
ISBN : 978-2-296-99806-3, ISBN EBOOK : 978-2-296-51355-6

AU-DESSUS DE COLLINES
Equer-Hamy Carole
«Au Burundi, les massacres interethniques se sont succédé pendant des décennies, laissant des milliers d'orphelins. Marguerite Barankitse (Maggy)

a vécu les pires atrocités et en est miraculeusement rescapée. Pour continuer de vivre après ce drame, elle a décidé de rester dans la tourmente sur ses collines natales... Depuis, elle tente de désamorcer la haine entre les ethnies, de rompre le cycle de vengeance, d'aider chacun à retrouver sa dignité...
(20.00 euros)   *ISBN : 9782-296-56785-6*

L'HARMATTAN ITALIA
Via Degli Artisti 15; 10124 Torino

L'HARMATTAN HONGRIE
Könyvesbolt ; Kossuth L. u. 14-16
1053 Budapest

L'HARMATTAN KINSHASA
185, avenue Nyangwe
Commune de Lingwala
Kinshasa, R.D. Congo
(00243) 998697603 ou (00243) 999229662

L'HARMATTAN CONGO
67, av. E. P. Lumumba
Bât. – Congo Pharmacie (Bib. Nat.)
BP2874 Brazzaville
harmattan.congo@yahoo.fr

L'HARMATTAN GUINÉE
Almamya Rue KA 028, en face du restaurant Le Cèdre
OKB agency BP 3470 Conakry
(00224) 60 20 85 08
harmattanguinee@yahoo.fr

L'HARMATTAN CAMEROUN
BP 11486
Face à la SNI, immeuble Don Bosco
Yaoundé
(00237) 99 76 61 66
harmattancam@yahoo.fr

L'HARMATTAN CÔTE D'IVOIRE
Résidence Karl / cité des arts
Abidjan-Cocody 03 BP 1588 Abidjan 03
(00225) 05 77 87 31
etien_nda@yahoo.fr

L'HARMATTAN MAURITANIE
Espace El Kettab du livre francophone
N° 472 avenue du Palais des Congrès
BP 316 Nouakchott
(00222) 63 25 980

L'HARMATTAN SÉNÉGAL
« Villa Rose », rue de Diourbel X G, Point E
BP 45034 Dakar FANN
(00221) 33 825 98 58 / 77 242 25 08
senharmattan@gmail.com

L'HARMATTAN TOGO
1771, Bd du 13 janvier
BP 414 Lomé
Tél : 00 228 2201792
gerry@taama.net

586870 - Novembre 2014
Achevé d'imprimer par